Das Stevia
Back- und Kochbuch

Mit der richtigen Dosierung zum Erfolg

PETER, MONIKA
UND THORSTEN
KLOCK

blv

Inhalt

Natürlich süßen ohne Reue

Appetit oder gar Heißhunger auf Süßes zu haben gehört zu den Grundbedürfnissen des Menschen. Mit der in Südamerika beheimateten Pflanze Stevia, deren Blätter so süß sind, dass sie herkömmlichen Haushaltszucker problemlos ersetzen können, lässt sich dieses Verlangen auf gesunde und natürliche Weise stillen. Und das Beste daran: Stevia hat keine Kalorien!

Besser als Zucker

Kuchen, Eis, Sahne, Bonbons, Schokolade und vieles mehr: Ohne Zucker schmeckt das Leben einfach fad. Nicht nur unserem Gaumen würde etwas fehlen, auch unsere Stimmung würde unter einem Mangel leiden. Süßer Geschmack verkauft sich gut, und so ist es kein Wunder, dass bei Schokolade und Co. beherzt zugegriffen wird – insgesamt rund 36 Kilogramm Zucker soll der Deutsche jährlich zu sich nehmen. Süßes macht auch glücklich und die Vorliebe für den Geschmack ist uns angeboren. Und weil das so ist und Zucker süchtig machen kann, enthalten nicht nur Naschereien und Backwerk, sondern auch nahezu alle Fertiggerichte Zucker. Schon die Kleinsten werden mit Säften und Tees daran gewöhnt. Der süße Stoff regt im Gehirn die gleichen Areale an wie Alkohol oder Nikotin. Mit zum Teil fatalen Folgen. Zu viel Zucker kann dick und in der Folge schließlich krank machen. Ein übermäßiger

HINWEIS

Bei akuter Unterzuckerung, die lebensbedrohend sein kann, hilft dem Zuckerkranken der Verzehr von Traubenzucker oder einem zuckerhaltigen Getränk. Daher führen die meisten Diabetiker solche Süßigkeiten bei sich. Steviagesüßte Produkte sind hierfür wirkungslos und deshalb kein Ersatz!

Konsum ist mitverantwortlich für eine Vielzahl von Zivilisationskrankheiten, wie Fettleibigkeit, Zahnkaries, Herzinfarkt und Diabetes Typ 2.

Als Heilmittel gepriesen

Wer hingegen sein Verlangen auf Süßes mit steviagesüßten Produkten stillt, kann sicher sein, nicht von den Nachteilen des Konsums von Haushaltszucker betroffen zu sein. Auch hat der Verzehr von Steviasüße keinerlei Einfluss auf den Insulinspiegel, deshalb ist sie auch für Diabetiker geeignet.

Stevia, als Pflanze *Stevia rebaudiana* genannt, hat ihren Ursprung übrigens in Paraguay. Schon lange wird sie dort von der Bevölkerung sowohl als Süßstoff bzw. Zuckerersatz als auch als Heilmittel verwendet. Ihr dortiger Name lautet Ka'a He'ê. Die Inhaltsstoffe der Pflanze sollen eine ganze Reihe positiver Effekte haben. Sie sollen Herz und Kreislauf schützen, das Immunsystem stärken, die Verdauung fördern, Infektionen verhindern, die Entstehung von Karies hemmen, den Blutzuckerspiegel positiv beeinflussen und eine schöne Haut machen. Verantwortlich dafür sollen die essenziellen Öle, das Vitamin C, Enzyme und das Chlorophyll der Stevia-Blätter sein.

Stevia ist vielfältig einsetzbar und in jeglicher Hinsicht gesünder als Zucker. Zudem ist Stevia kalorienfrei.

Eroberung der Märkte

Jahrelang haben die Hersteller von Nahrungsmitteln und Fertigprodukten auf die Zulassung von Stevia als Süßungsmittel gewartet, um ihre Waren kalorienarmer machen zu können. Seit Dezember 2011 dürfen in der Europäischen Union Lebensmittel offiziell mit dem aus der Pflanze gewonnenen Süßungsmittel angereichert werden. Mittlerweile ist bereits eine Vielzahl von Produkten auf dem Markt, die Stevia enthalten. Doch wer weiß schon, ob diese wirklich immer den gesetzlichen Vorschriften entsprechen?

Untersuchungen der Stiftung Warentest (Stand: 26.10.2011) haben ergeben, dass Produkte von Joghurt bis Cola, von Ketchup bis Lakritze zwar tatsächlich den Süßstoff aus der Steviapflanze enthalten, allerdings in sehr unterschiedlichen Mengen. Auch Zucker und andere Süßstoffe konnten ausgemacht werden.

ZUGELASSENES STEVIOLGLYKOSID

Der Süßstoff aus der Steviapflanze besteht aus verschiedenen Steviolglykosiden, die in der EU zugelassen sind. Das weiße Pulver, Steviosid genannt, gilt als Zusatzstoff und wird als E 960 in der Zutatenliste ausgewiesen. Es ist kalorienfrei, zahnfreundlich und etwa 300-mal süßer als Zucker.
Die Zulassung betrifft jedoch nicht frische Steviablätter oder ein Pulver aus getrocknetem Pflanzenmaterial.

Inzwischen kann man aber davon ausgehen, dass die im Handel erhältlichen Steviaprodukte aus gesetzeskonformer Produktion stammen und somit sicher sind.

Stevia ist nicht gleich Stevia

Nach EU-Richtlinie muss die Reinheit des fertigen Produktes immerhin bei mindestens 95 % liegen. Liegt sie darunter, besteht eine erhöhte Möglichkeit, dass sich während des Produktionsprozesses übermäßig viele Artefakte gebildet haben – das sind unerwünschte Stoffe, die für Menschen schädlich sind. Beim Kauf von reinem Steviosid können Angaben zur Qualität dem Etikett der Packung entnommen werden. Anders sieht es bei Zubereitungen mit Stevia aus. In diesem Fall kann kaum nachverfolgt werden, ob es sich beim Ausgangsstoff tatsächlich um Steviosid in zugelassener Qualität handelt. Hier zeigt die Kennzeichnung noch eindeutige Mängel. Somit gehört zweifellos ein gewisses Maß an Vertrauen dazu, ein Steviaprodukt zu kaufen. Werbesprüchen wie »mit Stevia gesüßt« sollten Sie deshalb mit einer gesunden Skepsis begegnen oder Joghurt und Co. lieber selbst zubereiten. Das gilt allerdings nicht nur für Steviaprodukte.

Sieht unscheinbar aus, hat es aber in sich: Die Steviapflanze liefert eine Süße, die den Insulinspiegel nicht beeinflusst.

Für Menschen völlig unbedenklich

Aus heutiger Sicht ist es schwer nachvollziehbar, weshalb so viele Jahre verstreichen mussten, bis Stevia endlich von den EU-Behörden zugelassen wurde. Auch nach erfolgter Zulassung ist das Verfahren, das Stevia durchlaufen musste, nicht jedem verständlich. Grund ist die Novel-Food-Verordnung (NFV) von 1997. Diese besagt, dass neuartige, zum Verzehr vorgesehene Pflanzen bzw. Produkte daraus durch die EU zugelassen werden müssen. Neuartig im Sinne der NFV sind Pflanzen, die vor Inkrafttreten der Verordnung noch nicht in der EU als Nahrungsmittel eingeführt waren.

Eine Genehmigung erfolgt nur dann, wenn in zumeist aufwendigen, langwierigen und teuren Zulassungsverfahren die absolute Unbedenklichkeit für den Menschen bewiesen wurde. Dieses ist mittlerweile für die Stevia-Inhaltsstoffe erfolgt, alle in der Vergangenheit kolportierten Negativmeldungen wurden damit vollständig ausgeräumt. Zugelassen als Lebensmittelzusatzstoff Nr. E 960 wurden im Dezember 2011 Steviolglykoside mit einer Reinheit von mindestens 95 %, nicht aber die Steviapflanze oder deren Blätter. Die Verwendung von Steviablättern als Bestandteil von Tee bleibt vom EU-Beschluss allerdings unberührt.

Aus der Natur

Im Gegensatz zu synthetisch hergestellten Süßstoffen wie Aspartam, Cyclamat, Sucralose und Saccharin handelt es sich beim Süßstoff aus der Steviapflanze um ein Produkt aus der Natur. Daneben gibt es weitere natürliche Substanzen, die zum Süßen geeignet sind. Zu den wichtigen zählt Glycyrrhizin. Dieser Süßstoff wird aus der Süßholzpflanze, *Glycyrrhiza glabra*, gewonnen, und seine Süßkraft ist 50-mal stärker als die von Haushaltszucker. Die Substanz wird vor allem in der Lakritzherstellung eingesetzt. Ein weiterer Süßstoff, Miraculin,

aus der Mirakelfrucht *(Synsepalum dulcificum)* gewonnen, lässt uns Saures als süß empfinden. Sorbit ist sowohl in den Früchten der Eberesche *(Sorbus aucuparia)* enthalten als auch – allerdings geringer konzentriert – in Kern- und Steinobstarten. Xylit bzw. Xylitol befindet sich u. a. in Blumenkohl, Erd- und Himbeeren sowie in pflaumenartigen Früchten. Weil er zudem in der Rinde von Birken vorkommt, wird gelegentlich auch von »Birkenzucker« gesprochen.

Eine ganz besondere Süße weisen Inhaltsstoffe der aus dem nordöstlichen China stammenden und zu den Kürbisgewächsen zählenden Pflanze Luo Han Guo *(Siraitia grosvenori)* auf. Sie wird schon seit langer Zeit von chinesischen Mönchen angebaut, um damit Speisen zu süßen. Bislang wurde ihr Anbau geheim gehalten, doch jetzt, im Zeitalter der sekundenschnell und weltweit austauschbaren Informationen, scheint das Geheimnis gelüftet. Sie übertrifft die Süßkraft üblichen Zuckers um das 60-Fache und hat dabei den typisch vollmundigen Geschmack, der Haushaltszucker eigen ist. Zugelassen ist sie jedoch noch nicht.

300-FACHE SÜSSKRAFT

Wenn man von Stevia, Steviosid oder Steviasüße spricht, sind im Allgemeinen die zugelassenen Steviolglykoside gemeint. Deren durchschnittliche Süßkraft entspricht etwa der 300-fachen von Saccharose, dem Haushaltszucker. Wegen der starken Süßkraft ist die Dosierung schwierig. Zum Süßen von Getränken haben sich sogenannte Tabs als praktisch erwiesen. Diese kleinen »Tablettchen« haben zumeist die Süßkraft eines Stückes Würfelzucker. Gerade zum Süßen von Kindergetränken sind sie eine gesunde Alternative.

Industrielle Gewinnung

Der aus der Steviapflanze gewonnene Süßstoff wird industriell gewonnen. Um das wirtschaftlich durchführen zu können, müssen große Mengen verarbeitet werden. Seit 1920 wird Stevia deshalb plantagenmäßig angebaut, im Idealfall ohne die Verwendung von Pestiziden und übermäßiger Düngung. Und das nicht nur in Südamerika. Im asiatischen Raum findet die mehrjährige Pflanze ebenso gute Lebensbedingungen wie in ihrer ursprünglichen Heimat. Die weltweit größten Stevia-Plantagen werden in Asien betrieben (in China, Indien und Malaysia). Und hier entstehen auch viele Produkte für den Export in alle Welt.

■ Nach dem Ernten der Pflanzen werden die Blätter von den Stielen getrennt und anschließend getrocknet. Dies muss sehr sorgfältig erfolgen und dauert in der Regel mehrere Tage.

■ Die getrockneten Blätter werden zerkleinert und die Inhaltsstoffe durch Lösungsmittel wie Wasser oder Alkohol aus der Trockenmasse herausgelöst. Das Verfahren heißt Mazeration.

■ Die Konzentration der herausgelösten Steviolglykoside wird mithilfe verschiedener Substanzen erhöht. Hierbei entstehende unerwünschte gesundheitsschädigende Verbindungen werden im Anschluss wieder entfernt. Die jetzt gewonnene Substanz wird mehrfach gereinigt.

■ Die letzte Station ist die Kristallisation der Steviolglykoside. Das erfolgt mithilfe von Alkohol und benötigt meist mehrere Durchgänge, um den vorgeschriebenen Reinheitsgrad von $\geq 95\%$ zu erzielen.

Das Ergebnis ist weißes reines Steviosid, Steviapulver, das aus verschiedenen Steviolglykosiden besteht. Alle Lösungsmittelrückstände sind entfernt.

Fensterbank- und Gartenkultur

Steviapflanzen sind in Gärtnereien, auf Märkten und in Versandgeschäften zu bekommen. Bewurzelte Stecklinge sind besonders preiswert, angeboten werden aber schon fertige Containerpflanzen. Zum Auspflanzen (nach den Frösten in der zweiten Maihälfte) sind alle Wuchsformen geeignet. Bei guten Wachstumsbedin-

Steviapflanzen lassen sich auf Fensterbank oder Terrasse im Topf ziehen.

gungen – warmer Standort, möglichst sonnig und auf durchlässigem, nährstoffreichem Boden – wird die Pflanze kräftig wachsen. Bei Bedarf wird gegossen, ein gelegentliches Düngen kann den Wuchs zusätzlich anregen. Im September wird die Stevia um einen Meter groß sein und eine reiche Blatternte ermöglichen. Doch auch auf einer Fensterbank in einem mittleren Blumentopf (Volumen 1–4 Liter) kann die Zuckerpflanze gehalten werden. Regelmäßiges Gießen ist erforderlich, damit der Ballen nicht trocken wird. Gedüngt wird mit einem handelsüblichen organischen Blumendünger. Blätter können nach Bedarf geerntet und dann getrocknet werden.

Die beste Zeit für die Blatternte ist etwa Mitte September, zumindest vor dem Auftreten sehr niedriger Temperaturen sollte sie erfolgen. Dann sind die Blätter ausgereift und besitzen den größtmöglichen Anteil an Steviosiden.

Die getrockneten Blätter lassen sich im Mörser zerkleinern.

Die Blätter werden einfach von den Stängeln von oben nach unten abgestreift und in der Sonne oder im Backofen bei 50–80 °C getrocknet. Damit die dabei entstehende Feuchtigkeit gut abziehen kann, sollte die Backofenklappe leicht geöffnet bleiben. Die Trocknungszeit ist abhängig von der gewählten Temperatur und der Blattmenge. Sie kann von einer halben Stunde bis zu mehreren Stunden schwanken. Die Blätter sind trocken, wenn sie beim Anfassen leicht zerbröseln.

Eine weitere Möglichkeit besteht in der Trocknung in der Mikrowelle. Die Blätter werden auf einen mikrowellengeeigneten Untersatz gelegt und bei 400–800 Watt getrocknet. Der Trocknungsgrad sollte erstmals schon bei weniger als einer Minute getestet werden, denn durch die Mikrowellenbehandlung verdampft das in den Zellen der Blätter gelagerte Wasser sehr schnell. Würde der Trocknungsprozess dann nicht gestoppt werden, könnten die trockenen Blätter Feuer fangen und zu brennen beginnen oder es könnte eine gefährliche Verpuffung ausgelöst werden.

Die getrockneten Blätter können in einem luftdicht geschlossenen Glas lange gelagert werden, denn wegen des fehlenden Wassers kann nichts verderben. Wird aus den Blättern ein Blattpulver hergestellt, kann wegen dessen höherer Dichte weit mehr Steviapulver in einem Glas aufbewahrt werden.

Blattpulver lässt sich einfach herstellen, wenn man das getrocknete Pflanzenmaterial zwischen den Handflächen zerreibt. Ebenso einfach lässt es sich in einem Mörser pulverisieren.

Tee war und ist bei uns eine wichtige Zubereitungsform der Stevia. Während es noch bis zur Stevia-Zulassung im Dezember 2011 nicht zulässig war, mit den Blättern oder mit den Inhaltsstoffen der Pflanze, den Steviolglykosiden, Speisen und Getränke zu süßen, so konnte man niemandem verwehren, sich aus den Blättern der Pflanze einen Tee zuzubereiten.

Wässriges Steviakonzentrat

Einfach stellt sich die Herstellung einer konzentrierten wässrigen Stevialösung dar. Zu diesem Zweck werden die Steviablätter in einen Topf gegeben und vollständig mit Wasser überdeckt. Anschließend wird der Inhalt aufgekocht und eine Zeit lang ohne Deckel geköchelt. Dabei verdunstet ein Teil des Wassers, und die Süßekonzentration nimmt stetig zu.

Sobald etwa die Hälfte oder zwei Drittel des Wassers verdunstet sind, wird die Restflüssigkeit durch ein Sieb in ein Gefäß gegossen. Diese jetzt konzentrierte wässrige Stevialösung wird in kleine Fläschchen abgefüllt. Die bräunlich-grüne Lösung kann einige Wochen im Kühlschrank gelagert werden, ohne zu verderben. Bei Bedarf kann sie jederzeit zum Süßen verwendet werden. Wird die Flüssigkeit in kleinen Portionen einge-

STEVIA-TEE

Zum Herstellen eines süßen Stevia-Tees werden die frischen Blätter mit heißem (kochendem) Wasser übergossen. Der Tee sollte etwa fünf Minuten oder länger ziehen, damit sich die süßen Inhaltsstoffe lösen können. Ein besonders süßer Tee entsteht, wenn man die unteren Blätter der Pflanze verwendet. Hier liegen die Sterioside und Rebaudioside konzentrierter vor als im oberen Teil der Pflanze.

froren, ist sie wesentlich länger lagerfähig. Durch Zugabe von reinem, hochprozentigem Trinkalkohol (Ethanol) kann die Haltbarkeit ebenfalls verlängert werden, wobei allerdings ein gewisser Eigengeschmack des Alkohols nicht auszuschließen ist.

Ein süßer Stevia-Tee – aus frischen Blättern zubereitet.

Verwendung und Dosierung

Für die meisten Verbraucher ist Stevia als Süßstoff neu, und kaum einer kennt sich im »Gewirr« der unterschiedlichen Bezeichnungen aus. Was verbirgt sich hinter den Begriffen und kann man damit genauso kochen und backen wie mit normalem Haushaltszucker? Rezepte mit Stevia als Süßstoff gelingen, wenn man die richtigen Produkte verwendet und die richtige Dosierung beachtet. Gesunde Süße ohne Kalorien – ein Genuss, der Lust auf mehr macht.

Steviolglykoside

Bekannt gemacht hat die Pflanze der Inhaltsstoff Steviosid, denn dieser ist für den süßen Geschmack verantwortlich. Hierbei handelt es sich um ein Gemisch aus verschiedenen Stoffen, die vornehmlich aus den Blättern der Pflanze gewonnen werden. Die Steviolglykoside gehören zu den Diterpenen, das sind sekundäre Kohlenstoffverbindungen, die in vielen Organismen vorkommen. Ein weiterer wichtiger Inhaltsstoff ist das Glykosid Rebaudiosid A, das bis zu 450-mal süßer als Haushaltszucker ist. Durch eine geeignete Zusammensetzung der Inhaltsstoffe ist der pflanzliche Süßstoff des Honigblattes, wie Stevia auch genannt wird, geschmacklich dem Haushaltszucker sehr ähnlich und frei von einem leicht bitteren oder lakritzigen Nachgeschmack. Übrigens: Insgesamt kann die Pflanze mehr als 100 Inhaltsstoffe aufweisen. Zu ihnen gehören u. a. auch die gesunden sekundären Pflanzenstoffe, insbesondere die Flavonoide.

ADI-Wert

Nur unter Beachtung des ADI-Wertes sind Steviolglykoside bzw. ist Steviosid als Nahrungsergänzungsmittel zugelassen. ADI ist die Abkürzung für »acceptable daily intake«, was so viel bedeutet wie »akzeptierte tägliche Aufnahme«. Mit dem ADI-Wert wird eine Bezugsgröße genannt, die besagt, wie viel eines bestimmten Stoffes ein Mensch lebenslang täglich zu sich nehmen kann, ohne dabei mit gesundheitlichen Problemen rechnen zu müssen. Der genannte Wert wird angegeben in Milligramm (mg) pro Kilogramm (kg) Körpergewicht und Tag (mg/kg × d). Für Steviasüße (E 960) wurde ein ADI-Wert von 4 (mg/kg Steviol-Äquivalente) festgesetzt. Steviolglykoside lassen sich mithilfe eines Umrechnungsfaktors in Steviol-Äquivalente umrechnen. Dieser Faktor beträgt z. B. für Steviosid 0,4, woraus sich ein Wert von 10 ergibt (4 : 0,4 = 10). Der entsprechende Wert für Rebaudiosid A (Umrechnungsfaktor 0,33) beträgt 12,1. Beispiel: Hat die Person, die Steviasüße (Steviosid) zum Süßen verwendet, ein Gewicht von 70 kg, so kann sie täglich gefahrlos 700 mg Steviosid zu sich nehmen.

Unterschiedliche Zubereitungen

Nahezu alle Produkte, die bislang mit Haushaltszucker oder mit synthetisch hergestellten Süßstoffen angereichert wurden, können jetzt auch mit kalorienfreien Steviaprodukten gesüßt werden. Das Steviosid setzt sich aus verschiedenen Steviolglykosiden zusammen. Im allgemeinen Sprachgebrauch wird sowohl von Stevia oder Steviasüße gesprochen, wenn es sich um frische oder getrocknete Steviablätter bzw. ein daraus hergestelltes Pulver handelt, als auch bei der Verwendung von Steviosid.

Steviaprodukte zum Süßen sind erst seit kurzer Zeit zugelassen und im Handel. Bevor sich der Markt nicht wirklich konsolidiert hat, werden diverse unterschiedliche Zubereitungsformen im Handel anzutreffen sein. Das muss bei der Erstellung von Rezepten mit Steviasüße bedacht werden. Noch ist es deshalb unumgänglich, das zum Süßen verwendete Produkt mit dem Markennamen zu benennen. Nur dann ist klar zu erkennen, ob es sich um das reine Steviosid handelt, ob es mit einem zugelassenen Stoff gestreckt wurde und welche Auswirkung es auf die Süßkraft hat.

Richtig dosieren

Reines Steviosid mit einem hohen Anteil von Rebaudiosid A, dem süßesten Stevia-Inhaltsstoff, eignet sich gut für die Zubereitung von Speisen und Getränken.

Bei diesem Produkt ist die »vollmundige Süße«, wie wir sie insbesondere vom Haushaltszucker kennen, deutlich ausgeprägt. Ein lakritziger oder etwas bitterer Nachgeschmack ist bei korrekter Dosierung nicht zu erwarten. Allerdings ist seine Anwendung nicht immer ganz einfach. Wer zum Süßen einer Tasse Tee einen gehäuften Teelöffel Haushaltszucker – Gewicht ca. sechs Gramm – verwendet, benötigt dafür nur etwa 0,02 Gramm Steviosid. Wie will man die Menge abmessen, die vielleicht auf eine kleine Messerspitze passt? Das ist nur möglich, weil es inzwischen Stevia-Dosierlöffel gibt, die bei gestrichener Füllung (0,1 ml) mit Steviapulver der genannten Süßkraft von Haushaltszucker entsprechen.

TIPP Grundsätzlich erleichtert die Verwendung von Steviaprodukten mit einem größeren Volumen und einer geringeren Süßkraft die Herstellung von Backwaren.

Trotz Dosierlöffel ist das Süßen mit reinem Steviapulver recht umständlich. Das liegt an dem geringen Gewicht und den Mini-Mengen, welche die Zuckersüße ersetzen. Daher ist der Handel bemüht, stets weitere, leichter dosierbare Steviaprodukte auf den Markt zu bringen.

Steviapulver – eine Alternative zu Haushaltszucker.

Zusatz- und Füllstoffe

Wird Steviosid mit geeigneten kalorienfreien bzw. -armen Substanzen vermischt, ist eine korrekte Dosierung deutlich einfacher. Außerdem können solche Zubereitungen die Umwandlung von herkömmlichen Rezepten, bei denen Haushaltszucker wesentlicher Bestandteil ist und durch Steviosid ersetzt werden soll, erheblich vereinfachen. Ein solcher Zusatz- oder Füllstoff ist das nahezu geschmacksneutrale Maltodextrin. Steviasüße mit Maltodextrin wie »Stevialine Culinaria« ist gut dosierbar, viele verschiedene Back- und Kochrezepte

gelingen damit gut. Maltodextrin hat allerdings einen Energiegehalt von 371 kcal/100 g, nur wenig unter dem des Haushaltszuckers.

Ein weiterer Füllstoff ist Erythrit, der natürlich u.a. in Obst (z.B. Birnen und Trauben) vorkommt. Gewonnen wird er aus Traubenzucker und Haushaltszucker. Erythrit (E 968) ist ein Zuckeralkohol, der in Konsistenz und Geschmack dem Zucker ähnlich ist, jedoch weniger Süßkraft besitzt und kalorienfrei ist. Verglichen mit der Süßkraft weist Erythrit gegenüber Steviosid ein wesentlich größeres Volumen auf. Somit ist es möglich, durch das Vermischen einer kleinen Menge Steviosid mit Erythrit ein Süßungsmittel zu gewinnen, das sich wesentlich einfacher dosieren lässt und somit anwenderfreundlicher ist als reines Steviosid. Insbesondere zur Herstellung von Backwaren ist erythrithaltige Steviasüße gut geeignet.

Im Handel zu finden sind Zubereitungen wie GrooVia mit einer vierfachen Süßkraft gegenüber Saccharose (Haushaltszucker); zukünftig sogar auch mit zuckergleicher (1:1) Süßkraft, und Daforto Stevia Plus, das die doppelte Süßkraft besitzt.

Auch Wasser ist zum Strecken von Steviasüße geeignet. Darin gelöste Stevioside (Steviolglykoside) geben der Flüssigkeit die gewünschte Süßungskraft und machen sie besonders anwenderfreundlich. Inzwischen sind im Handel verschiedene derartige Produkte wie »Stevia flüssig« (Steviaparaguaya) und »Steevia Fluid« (Gesund & Leben) zu finden. Hinweise zur Anwendung sind der Packungsaufschrift zu entnehmen, weil die Süßungskraft abhängig vom Steviosidgehalt schwanken kann.

Vorgenannte Produkte dürfen nicht verwechselt werden mit wässrigen Stevialösungen (Konzentraten), die durch Kochen von Steviablättern in Wasser gewonnen werden.

Besonders anwenderfreundlich: flüssiges Stevia-Produkt.

Einsatz in der Küche

Problemlos süßen ohne schlechtes Gewissen? In der Küche lässt sich Stevia statt Zucker vielseitig zum Kochen und Backen verwenden. Das Süßungsmittel ist bis 200 °C hitzebeständig. Viele Gerichte, die gern und häufig gegessen werden, können mit Stevia gesüßt werden. Egal ob Puddings, Cremes, Kompott, Quark-speisen, Dips oder verschiedene Eissorten: Sie gelingen mit flüssigem Steviaextrakt oder Steviapulver ausge-zeichnet. Auch selbst gemachte Konfitüren oder Gelees können vollkommen kalorienfrei mit Steviosidpulver gesüßt werden. Gleiches gilt für Kuchen und Gebäck. Torten, Obstkuchen, Kekse oder Muffins gelingen mit Stevia. Warum also Kalorien zu sich nehmen, wenn es auch gesünder geht? Doch welche Produkte führen zum Koch- und Backerfolg?

Verwendete Produkte

Von den inzwischen vielen im Handel erhältlichen Steviaprodukten werden für die Rezepte in diesem Buch die folgend aufgeführten verwendet. Bezüglich ihrer Süßkraft ist in erster Linie der Steviosid-Anteil ausschlaggebend. Daher können auch Produkte anderer Hersteller in den Rezepten verwendet werden, wenn die Zusammensetzung der Produkte vergleichbar ist.

#1# Steviosid
Hierfür wird in den Rezepten der gängige Name Stevia-pulver verwendet. Ein Gramm davon hat die Süßkraft von 300 Gramm Haushaltszucker.

#2# GrooVia
Hierbei handelt es sich um ein Gemisch aus Erythrit (Erythritol) und Steviosid, dessen Süßkraft der vier-fachen des Haushaltszuckers entspricht. Ein Gramm davon hat die Süßkraft von vier Gramm Zucker. In den Rezepten wird es »Stevia-Granulat« genannt.

TIPP Zum sehr leichten Bestreuen von Zubereitungen können Stevia-/Malto-dextrin-Produkte wie natreen-stevia oder Nevella-Stevia verwendet werden (Puderzuckerersatz).

#3# Daforto Stevia Streusüße
Dieses Produkt besteht aus Erythrit (Erythritol) und Steviosid mit einer Süßkraft, die der doppelten des normalen Haushaltszuckers entspricht. Wir nennen es »Stevia-Streusüße«. Ein Gramm davon hat die Süßkraft wie zwei Gramm Zucker.

#4# Stevia-Tropfen
Es handelt sich um eine wässrige Lösung aus Steviosid (Steviolglykosiden) mit entkeimtem Wasser. Die Süß-kraft kann unterschiedlich sein, daher soll während der Zubereitung von Rezepten mit Stevia-Tropfen stets abgeschmeckt werden.

#5# Stevia-Sirup
Hierbei handelt es sich um einen naturbelassenen Extrakt aus den Blättern der Steviapflanze. Die Süßkraft kann schwanken, daher sollten Zubereitungen mit Stevia-Sirup während der Herstellung abgeschmeckt werden.

VERWENDETE ABKÜRZUNGEN

g	Gramm	EL	Esslöffel
kg	Kilogramm	DL	Dosierlöffel
ml	Milliliter		Stevia (0,1 ml)
l	Liter	gestr.	gestrichener
Msp.	Messerspitze	gem.	gemahlen
TL	Teelöffel	Pck.	Päckchen

Tipps zum Backen

Backwaren können mit Stevia statt mit Haushaltszucker hergestellt werden. Allerdings gilt es dabei einiges zu beachten. So ist es eine Erleichterung, wenn Sie statt reinem Steviosid eine Mischung mit Erythrit verwenden. Stevia-Granulat (wie z. B. GrooVia) hat die vierfache Süßkraft gegenüber reinem Haushaltszucker, Stevia-Streusüße (wie z. B. Daforto Stevia Streusüße) die zweifache. Bei Verwendung dieser Produkte kann das fehlende Volumen häufig durch Kokosflocken, geriebene Mandeln, Hasel- oder Walnüsse ausgeglichen werden. Recht einfach kann Haushaltszucker auch durch sogenannten SteviaZucker ersetzt werden. Mit diesem Produkt kann in Koch- und Backrezepten der jeweils genannte Zuckeranteil volumenmäßig in gleicher Menge substituiert werden. Wird SteviaZucker abgewogen, wird wegen seines geringeren Gewichtes nur die Hälfte des Produktes verwendet; somit beschränkt sich der Kaloriengehalt ebenfalls auf die Hälfte. Zur Herstellung kalorienreduzierter Zubereitungen stellt dieses Produkt also durchaus eine Alternative dar, allerdings nicht in den Fällen, wo Haushaltszucker ersetzt werden soll.

Die in den Rezepten dieses Buches verwendeten Steviaprodukte sind quasi kalorienfrei. Kalorienreiche Saccharose wird durch kalorienfreie Steviaprodukte ersetzt.

Auch bei Verwendung von Quark für Füllungen hat das Süßen mit Stevia kaum eine Auswirkung auf die Beschaffenheit des Teiges bzw. der Zubereitung. Gleichermaßen können oft ansehnliche Ergebnisse durch eine höhere Zugabe oder ein geändertes Verhältnis anderer Teigbestandteile wie Mehl, Eier, Voll- oder Halbfettbutter bzw. Margarine erzielt werden.

Eiweiß und Eigelb sollten getrennt verarbeitet werden. Eischnee (aufgeschlagenes Eiweiß) ergibt mehr Volumen und lockert den Teig. Halbfett- und Joghurtmargarine werden in verschiedenen Rezepten verwendet, um den Energiegehalt zu reduzieren.

Damit die Verwendung der benutzten Steviaprodukte eindeutig ist, wurde in den Zutatenlisten der Rezepte durch eine in Rauten (#) gesetzte Zahl auf das betreffende Produkt hingewiesen. Die Angaben zu Backzeiten und -temperaturen beziehen sich auf einen Elektroherd, wenn im Rezept nichts anderes angegeben ist.

DARAUF SOLLTEN SIE BEIM BACKEN MIT STEVIA ACHTEN

- Mit Stevia gesüßte Backwaren trocknen schneller aus als solche, die mit Haushaltszucker hergestellt wurden. Der Grund dafür liegt an der Fähigkeit von Zucker, Wasser anzuziehen und zu binden. Werden mit Stevia gesüßte Backwaren nicht bald nach der Herstellung verzehrt, sollten sie mit Haushalts- oder Alufolie komplett abgedeckt und im Kühlschrank aufbewahrt werden.

- Der Bräunungsgrad von Backwaren, die mit Stevia gesüßt wurden, ist meistens weniger stark ausgeprägt als der von zuckergesüßten.

- Mit Stevia gesüßter Teig hat nach seiner Zubereitung einen etwas süßeren Geschmack als nach dem Backen.

- Wegen der unterschiedlichen, starken Süßkraft und der nicht ganz einfachen Dosierung von Steviapulver (Steviosid) und Steviatropfen (Steviosid in wässriger Lösung) ist es immer zu empfehlen, während der Zubereitung von Rezepten gelegentlich abzuschmecken. Das gilt auch für andere Steviaprodukte.

Stevia kann in der Küche vielseitig eingesetzt werden. Die Süße eignet sich zum Backen und Kochen gleichermaßen gut.

Fragen und Antworten

■ Frage:

*Mein selbst gebackener Marmorkuchen ist mit Stevia-
süße gut gelungen, allerdings ist er etwas weniger süß,
als ich ihn haben wollte. Woran kann das liegen und
wie kann ich das zukünftig ändern?*

Antwort:

Werden Stevia-Süßungsmittel als Ersatz für Zucker in
Backwaren verwendet, kann es vorkommen, dass der
rohe Teig einen etwas süßeren Geschmack aufweist als
der fertig gebackene. Das kann man verhindern, wenn
man beim Zubereiten des Teiges etwas mehr Steviapulver nimmt. Aber gehen Sie sicher und schmecken
Sie vorher ab.

■ Frage:

*Ich habe gehört, dass man bei der Verwendung von
Süßstoffen anstelle von Zucker Durchfall und Blähungen bekommen kann und deswegen nicht zu viel
davon zu sich nehmen darf. Stimmt das, und wie viel
Stevia darf ich dann essen, damit diese Nebenwirkun-
gen nicht eintreten?*

Antwort:

Es stimmt, dass der Verzehr größerer Mengen bestimm-
ter Süßstoffe Magenbeschwerden wie Durchfall und
Blähungen nach sich ziehen kann. Es ist daher gesetz-
lich vorgeschrieben, bei solchen Süßstoffen auf der
Verpackung den Hinweis »Kann bei übermäßigem
Verzehr abführend wirken« abzudrucken. Das trifft
allerdings für Steviosid nicht zu und ist einer der vielen
Vorteile dieses Produktes.

■ Frage:

*Meine Backwaren, die ich mit Stevia anstelle von
Zucker zubereite, sind oft etwas trockener, als sie bei
herkömmlicher Herstellung ausfallen. Woran liegt
das und kann ich das ändern?*

Antwort:

Steviosid bzw. Steviazubereitungen besitzen nicht die
Feuchtigkeitshaltekraft wie Haushaltszucker. Daher
weisen mit Stevia zubereitete Backwaren oft eine
trockenere Konsistenz auf. Aus diesem Grund ist es
vorzuziehen, Backwaren mit Stevia alsbald zu verzehren.
So wird einem weiteren Feuchtigkeitsverlust durch
Verdunstung vorgebeugt. Sollen Backwaren eine kurze
Zeit aufbewahrt werden, sollten sie durch Einwickeln in
Haushaltsfolie geschützt werden.
Backwaren, bei denen Frischkäse, Joghurt oder ähn-
liche Zutaten zu den Inhaltsstoffen zählen, sind von
der geschilderten Trockenheit kaum betroffen.
Ein kleiner Trick: Durch die Zugabe von etwas Glycerin
zur Backmischung erhöht sich die Feuchtigkeit der
fertigen Backwaren. Glycerin ist ein Zuckeralkohol und
hat die Lebensmittelzusatzstoff-Bezeichnung E 422. Es
wird übrigens auch zur Feuchthaltung von kandiertem
Obst, z. B. von Datteln, verwendet.

■ Frage:

*Aus den Blättern meiner Steviapflanze stelle ich mir
selbst ein Konzentrat her, um damit Tee und Kaffee zu
süßen. Auch aus gepresstem Obst hergestellte Säfte
süße ich gerne damit, wenn der Saft anderenfalls zu
sauer wäre (saure Orangen, Zitronen). Kann ich das
problemlos machen, denn ich habe im Handel bislang noch keine alkoholfreien Getränke gefunden,
die ausschließlich mit Stevia gesüßt sind?*

Antwort:

Sie können Ihre Getränke gerne mit Stevia süßen.
Schon die Ureinwohner Paraguays, des Landes, aus der
die Steviapflanze stammt, süßten damit ihren Mate-Tee.
Bei uns wird Zucker in Softgetränken, Limonaden und
Colagetränken noch nicht vollständig durch Steviosid
ersetzt, weil bei exzessivem Verköstigen solcher Getränke auch von Kleinkindern die entfernte Möglichkeit

besteht, dass der festgesetzte ADI-Wert überschritten werden könnte. Das könnte zum Beispiel der Fall sein, wenn ein 15 kg schweres Kind täglich etwa 2 Liter ausschließlich steviagesüßte Cola trinken würde.

■ **Frage:**

Meine Steviapflanze gedeiht prächtig im Garten. Wann kann ich denn mit Blüten rechnen, und setzt sie auch Samen an, aus denen ich mir dann weitere Pflanzen ziehen kann?

Antwort:

Stevia rebaudiana ist eine Kurztagspflanze. Das bedeutet, die Blütenbildung setzt dann im Jahr ein, wenn die Tage »kürzer« werden, also wenn die Sonnenscheindauer abnimmt. Das kann man auch stimulieren, indem man die Pflanze künstlich beschattet. Es bilden sich dann viele kleine sternchenförmige weiße Blüten.
Die Samen sind gewöhnlich taub, weil nahezu alle bei uns sich in Kultur befindenden Steviapflanzen auf vegetativem (ungeschlechtlichem) Wege durch Stecklinge einer Mutterpflanze vermehrt wurden. Eine erfolgreiche Besträubung ist dann nicht möglich.
Frisches Saatgut aus Südamerika hat i. d. R. eine recht gute Keimquote.

■ **Frage:**

Kann ich aus meiner Steviapflanze selbst Steviosid gewinnen?

Antwort:

Bei der Gewinnung von Steviolglykosiden handelt es sich um einen aufwendigen Prozess, der in eigens entwickelten Industrieanlagen durchgeführt wird. Aus selbst gezogenen Pflanzen kann man Stevia-Süßungspulver herstellen oder auch ein flüssiges Konzentrat.

■ **Frage:**

Wenn ich Steviablätter kaue, empfinde ich einen leicht lakritzigen Nachgeschmack. Wie kann ich das verhindern?

Antwort:

Der von Ihnen genannte Nachgeschmack kann auftreten, wenn Sie viele Blätter gleichzeitig kauen oder ein Getränk mit Steviakonzentrat übersüßen. In den neuen Steviosidzubereitungen kommt der Nachgeschmack nicht mehr vor.

■ **Frage:**

Was muss ich tun, wenn ich mit Stevia gesüßte Backwaren mit Schokoglasur überziehen möchte, ohne den Vorteil der Kalorienreduzierung zu schmälern?

Antwort:

Das kann etwas gemindert werden, wenn Sie zu diesem Zweck steviagesüßte Schokolade verwenden, die zumeist allerdings auch noch einen Energiegehalt von 400 kcal pro 100 g aufweist.

Mit ein wenig Übung gelingt der Einsatz von Steviaprodukten in der Küche mit der Zeit problemlos.

Kekse, Kuchen und Torten

Süßes macht glücklich, erst recht, wenn die köstlichen Schlemmereien nicht gleich danach an den Hüften landen! Gebäck und Kuchen, mit Stevia gesüßt, versprechen Genuss ohne Reue. Genießen Sie nach Herzenslust die verführerischen Rezepte. Für jeden Anlass ist eines dabei. Ob klassischer Marmorkuchen, Weihnachtskeks, Muffins oder festliche Torten.

Apfelkuchen

Es haben sich kurzfristig Gäste angemeldet? Kein Problem. Äpfel hat man eigentlich immer im Haus. Der Kuchen ist schnell zusammengerührt und in 30 Minuten gebacken.

Für 1 Springform ⌀ 26 cm

Sie brauchen
4 Eier
250 g Butter
30 g Stevia-Granulat #2#
1 Prise Salz
250 g Weizenmehl
   (Type 550)
1 Pck. Backpulver
400 g Äpfel (gewogenes
   Fruchtfleisch)

Margarine oder Butter
für die Form

1 Den Backofen auf 180 °C (Umluft) vorheizen. Die Eier trennen. Eigelb mit Butter und Stevia-Granulat in eine Schüssel geben und schaumig rühren. Eiweiß mit Salz steif schlagen und unter die Eigelbmasse ziehen.

2 Mehl und Backpulver in eine zweite Schüssel sieben und nach und nach unter die Eier-Butter-Masse rühren.

3 Die Äpfel waschen, abtrocknen, schälen und das Kerngehäuse entfernen. Äpfel in kleine Stücke schneiden und unter den Teig heben. Die Springform fetten und den Teig hineingeben und glatt streichen.

4 Den Apfelkuchen im vorgeheizten Backofen 30 Minuten auf mittlerer Schiene backen und in der Form auskühlen lassen.

Apfelstrudel

Ein warmer Apfelstrudel mit saftiger Füllung schmeckt eigentlich immer, ob als Dessert oder zum Nachmittagskaffee. Je nach Geschmack dazu Eis oder Vanillesauce servieren.

Für 2 Strudel

Sie brauchen
Für den Teig:
300 g Weizenmehl
  (Type 550)
1 Prise Salz
50 ml Öl

Für die Füllung:
8 Äpfel
2 EL Zitronensaft
15 g Stevia-Granulat #2#
2 TL gemahlener Zimt
60 g Rosinen
75 g Butter
40 – 50 g Semmelbrösel

2 Eigelb zum Bestreichen

1 Für den Teig das Mehl in eine Schüssel geben. Salz, Öl und 125 ml warmes Wasser zugeben und die Zutaten zuerst mit dem Handrührgerät mit Rührbesen kurz durcharbeiten, dann mit den Händen ca. 10 Minuten zu einem Teig kneten. Den Teig abgedeckt 30 Minuten ruhen lassen.

2 Für die Füllung die Äpfel waschen, schälen, in eine Schüssel reiben und mit Zitronensaft beträufeln. Stevia-Granulat und Zimtpulver zugeben und untermengen. Zum Schluss die Rosinen unterarbeiten.

3 Butter in einem kleinen Topf zerlassen und die Semmelbrösel darin unter Rühren erhitzen. So lange rühren, bis die Semmelbrösel mit Butter überzogen sind und eine leicht krümelige Masse entsteht. Topf zur Seite stellen. Den Backofen auf 180 °C vorheizen.

4 Den Strudelteig halbieren, jede Hälfte unter gelegentlichem Wenden auf bemehlter Arbeitsfläche dünn zu 2 Rechtecken ausrollen. Auf jedes Teigstück die Hälfte der Füllung geben und mit den Butterbröseln bestreuen. Jeweils den Teig über die Füllung schlagen und die Enden falten. Die Teigränder mit einer Gabel festdrücken.

5 Beide Strudel auf ein mit Backpapier belegtes Backblech legen und mit verquirltem Eigelb bestreichen. Im vorgeheizten Ofen auf mittlerer Schiene ca. 45 Minuten backen. Apfelstrudel in Stücke schneiden und warm servieren.

Birnen-Quark-Schnitten

Ein wunderbarer Kuchen für die Birnenzeit! Mit etwas geschlagener
Sahne dazu lassen sich damit selbst anspruchsvolle Gäste verwöhnen.

Für 12–15 Stücke

1 Für den Teig Weizenmehl in eine Schüssel sieben (Instant-Mehl muss nicht
gesiebt werden). Maismehl und Backpulver dazu sieben. Stevia-Granulat,
Quark, Milch und Öl hinzufügen. Die Zutaten zu einem geschmeidigen Teig
verarbeiten und auf bemehlter Arbeitsfläche zu einem Rechteck ausrollen.

2 Eine rechteckige Backform (ca. 42 × 29 × 4 cm) einfetten oder mit Backpapier belegen, den Teig hineinlegen und am Rand etwas hoch ziehen.

3 Den Backofen auf 175 °C vorheizen. Für den Belag Birnen waschen,
abtrocknen, schälen, der Länge nach halbieren und das Kerngehäuse entfernen. Eier trennen. Eigelb mit Stevia-Granulat in einer Schüssel schaumig
schlagen. Quark, Zitronensaft, saure Sahne und Puddingpulver unterrühren.
Eiweiß mit Salz steif schlagen, dabei noch zusätzlich Stevia-Granulat ein-
rieseln lassen. Den Eischnee unter die Quarkmasse heben.

4 Die Quarkmasse auf den Teig geben und verstreichen. Birnenhälften mit
der Wölbung nach oben in die Quarkmasse drücken. Birnen mit einem
Messer mehrmals ca. 1 cm tief längs einschneiden. Den Kuchen im vorgeheizten Backofen auf mittlerer Schiene 45 – 55 Minuten backen.

5 Quitten- oder Aprikosenaufstrich mit 1 – 2 EL Wasser erhitzen und die noch
heißen Birnen sofort damit bestreichen. Vor dem Servieren den Kuchen mit
Stevia-Streusüße bestäuben.

Sie brauchen
Für den Teig:
300 g Weizen- oder
    Instant-Mehl
100 g Maismehl
1 Pck. Weinstein-
    Backpulver
20 g Stevia-Granulat #2#
200 g Magerquark
15 EL Milch
15 EL Rapsöl

Für den Belag:
1 kg Birnen
5 Eier
20 g Stevia-Granulat #2#
800 g Magerquark
8 EL Zitronensaft
200 g saure Sahne
1 Pck. Vanillepudding-
    pulver
1 Prise Salz
27 g Stevia-Granulat #2#
 mit Stevia gesüßter
    Quitten- oder
    Aprikosenaufstrich

Evtl. Margarine oder
Butter für die Form

Butterkuchen vom Blech

Der beliebte Klassiker ist schnell »gezaubert« und bereichert jede gemütliche Kaffeerunde. Hausgemacht schmeckt er am besten! Nach Belieben können Sie den Belag mit gemahlenem Zimt verfeinern.

Für 1 Backblech

1 Das Backblech mit Backpapier belegen. Für den Teig Mehl und Ei in eine Rührschüssel geben und verrühren. Hefe, Stevia-Granulat und Butter in der warmen Milch auflösen und dazugeben. Die Zutaten kräftig verschlagen, bis der Teig Bläschen wirft.

2 Abgedeckt an einem warmen Platz 50 Minuten gehen lassen. Anschließend den Teig ausrollen und auf das Backblech geben und nochmals 10 Minuten gehen lassen.

3 Den Backofen auf 200 °C (Umluft) vorheizen. Für den Belag Butter in einem Topf zerlassen, mit Mandeln und Stevia-Granulat vermischen. Die Masse auf dem Teig verteilen und den Kuchen auf mittlerer Schiene 10 – 12 Minuten backen. Abkühlen lassen und in Stücke schneiden.

Sie brauchen
Für den Teig:
450 g Weizenmehl
  (Type 550)
1 Ei
½ Würfel frische Hefe
  (21 g)
20 g Stevia-Granulat #2#
100 g Butter
200 ml warme Milch

Für den Belag:
100 g Butter
100 g Mandelblätter
20 g Stevia-Granulat #2#

Königskuchen

Der (Drei-)Königskuchen diente am Dreikönigsabend (5. Januar) zur Ermittlung des sogenannten »Bohnenkönigs« (Bohnen waren kleine Glücksbringer, die eingebacken wurden) … In Spanien nennt man den Kuchen Roscones, in Frankreich heißt er Galette du roi.

Für 1 Kastenform

Sie brauchen

250 g Rosinen
Mehl zum Bestäuben
250 g weiche Butter
40 g Stevia-Granulat #2#
4 Eier
abgeriebene Schale
   von 1 Bio-Zitrone
200 g Weizenmehl
   (Type 505)
100 g Speisestärke
3 TL Weinstein-
   Backpulver
2 EL Milch
1 Prise Salz
100 g gehackte Mandeln
50 g Zitronat
2 EL Rum

Semmelbrösel und Butter
für die Form

1 Den Backofen auf 190 °C vorheizen. Die Rosinen in ein Sieb geben, heiß abspülen, mit Küchenpapier trockentupfen und in eine kleine Schüssel geben. Rosinen mit etwas Mehl bestäuben und beiseitestellen.

2 Butter in eine Rührschüssel geben. Stevia-Granulat zugeben und die Zutaten schaumig rühren. Eier trennen. Eigelb und Zitronenschale zufügen und gut unterrühren. Mehl, Speisestärke und Backpulver sieben und zusammen mit der Milch unter die Butter-Eigelb-Masse rühren.

3 Eiweiß mit Salz steif schlagen und unterheben. Gehackte Mandeln, Zitronat, Rosinen und Rum unter den Teig kneten. Die Kastenform fetten und mit Semmelbröseln ausstreuen. Den Teig hineingeben und glatt streichen. Im vorgeheizten Backofen auf mittlerer Schiene etwa 60 Minuten backen.

4 Den Kuchen nach 30 Minuten mit Alufolie abdecken, damit die Oberfläche nicht zu dunkel wird. Nach dem Backen den Kuchen auf einem Kuchengitter abkühlen lassen, dann aus der Form nehmen und in Scheiben schneiden.

Zitronenkuchen aus dem Glas

Sie sind ein ideales Mitbringsel. Kuchen aus dem Glas sind unkompliziert zuzubereiten und kommen trotzdem immer gut an!

4 Gläser à 290 ml

1 Eier trennen. Eigelb, Margarine oder Butter und Stevia-Streusüße in eine Rührschüssel geben und schaumig rühren. Eiweiß mit Salz steif schlagen und unter die Eigelb-Margarine-Masse heben. Zitronenschale und -saft unterrühren. Mehl, Speisestärke und Backpulver in eine zweite Schüssel sieben und portionsweise unter den Teig rühren.

2 Den Backofen auf 170 °C vorheizen. Die Gläser bis zur Hälfte mit Margarine fetten und mit etwas Paniermehl oder gemahlenen Nüssen ausstreuen, dann den Teig einfüllen und glatt streichen.

3 Die Gläser auf ein mit 2 cm Wasser gefülltes, tiefes Backblech stellen und die Kuchen auf mittlerer Schiene ca. 40 – 50 Minuten backen. Stäbchenprobe machen. Ist der Kuchen zu hoch, den überstehenden Teig einfach abschneiden. In den Gläsern abkühlen lassen, dann vorsichtig lösen und stürzen.

Sie brauchen
3 Eier
175 g Joghurtmargarine
   oder Butter
80 g Stevia-Streusüße
   #3#
1 Prise Salz
abgeriebene Schale
   von 2 Bio-Zitronen
Saft von 2 Zitronen
125 g Weizenmehl
   (Type 405)
50 g Speisestärke
1 TL Backpulver

Margarine, Paniermehl
oder gemahlene Nüsse
für die Gläser

TIPP
Für Glaskuchen eignen sich am besten
hitzebeständige Sturzgläser.

Marmorkuchen

Ein Klassiker, der bei Groß und Klein gleichermaßen beliebt ist.
Der saftige Kuchen erinnert an Kindheitstage und ist genau das Richtige,
um trübe Stimmung zu vertreiben.

Für 1 Kastenform

Sie brauchen

3 Eier
150 g Halbfettmargarine
  oder Butter
100 ml Milch
200 g Weizenmehl
  (Type 405)
1 Pck. Backpulver
8–9 DL Steviapulver
  #1#
2 EL Kakaopulver
2 EL Milch
Stevia-Schokolade für
  die Glasur

Margarine für die Form

1   Den Backofen auf 180 °C vorheizen. Die Eier trennen.

2   Margarine in eine Rührschüssel geben und mit dem Eigelb cremig rühren. Das Eiweiß steif schlagen und kurz unterziehen. Die Milch nach und nach unter die Eiermasse rühren.

3   Mehl, Backpulver, Steviapulver und Salz in eine zweite Schüssel sieben und gut mischen. Die Mehlmischung portionsweise unter die Eiermasse rühren, bis ein geschmeidiger Teig entsteht. Eine Kastenform fetten, zwei Drittel des Teiges hineingeben und glatt streichen.

4   Kakaopulver sieben und mit der Milch unter den restlichen Teig rühren. Den dunklen Teig gleichmäßig auf dem hellen Teig verstreichen und mit einer Gabel spiralförmig durch den Teig ziehen, damit das typische Marmorkuchenmuster entsteht. Die Backform auf mittlerer Schiene in den Backofen stellen und ca. 40–45 Minuten backen. Nach 10 Minuten den Teig in der Mitte mit einem spitzen Messer der Länge nach ca. 1 cm tief einritzen.

5   Den Kuchen nach dem Backen leicht abkühlen lassen, mit einem Messer vom Rand der Form lösen und auf einem Kuchengitter auskühlen lassen. Nach Belieben mit dunkler Stevia-Schokoladenglasur überziehen.

Haselnuss-Gugelhupf

Lange Zeit waren Nüsse aufgrund ihres hohen Fettgehalts verpönt.
Wegen der wertvollen Vitamine und mehrfach ungesättigten Fettsäuren
sind sie jedoch überaus gesund und sollten regelmäßig gegessen werden.

1 Gugelhupfform

Sie brauchen

250 g warme Joghurt-
   margarine oder Butter
4 Eier
50 g Stevia-Granulat #2#
½ TL gemahlener Zimt
1 Prise Salz
250 g Weizenmehl
   (Type 405)
1 Pck. Backpulver
160 g gemahlene
   Haselnüsse
60 g gehackte Mandeln
100 ml Milch
Stevia-Streusüße #3#
   zum Bestreuen

Margarine oder Butter
für die Form

1 Den Backofen auf 180 °C vorheizen. Margarine oder Butter in eine Rühr-schüssel geben. Eier trennen. Eigelb mit Margarine oder Butter schaumig rühren. Stevia-Granulat mit Zimt mischen und unterrühren. Eiweiß mit Salz zu steifem Schnee schlagen und unterheben.

2 Mehl und Backpulver in eine zweite Schüssel sieben, dann nach und nach unterarbeiten und so lange rühren, bis ein cremiger Teig entsteht. Zum Schluss Haselnüsse, Mandeln und Milch untermengen. Die Gugelhupfform fetten, den Teig einfüllen und glatt streichen.

3 Den Kuchen im vorgeheizten Backofen auf mittlerer Schiene 50 Minuten backen. Nach ca. 45 Minuten mit einem Holzstäbchen die Garprobe machen. Bleibt am Holzstäbchen Teig kleben, Kuchen noch einige Minuten weiterbacken. Vor dem Servieren Kuchen mit gesiebter Stevia-Streusüße bestreuen.

TIPP
Zum Bestreuen die Stevia-Streusüße mit
etwas gemahlenem Zimt mischen.

Quitten-Frischkäse-Kuchen

Die sehr alte Frucht führte lange Zeit ein Schattendasein, bis die gehobene Gastronomie sie wieder auf ihre Speisekarten setzte. Kuchen und Süßspeisen verfeinert die Quitte mit einer fruchtig-säuerlichen Note.

1 Backform, ca. 42 × 29 × 4 cm

Sie brauchen

Für den Teig:
3 Eier
150 g Halbfettmargarine
 oder Butter
20 g Stevia-Granulat #2#
abgeriebene Schale von
 1 Bio-Zitrone
300 g Weizenmehl
 (Type 405)
1 TL Backpulver
150 ml Milch
1 Prise Salz
500 g Rahmfrischkäse

Für den Belag:
900 g Quitten-Frucht-
 fleisch (vorbereitet
 gewogen)
Saft von 2 Zitronen
8 ganze Nelken
1 TL gemahlener Zimt
1 TL gemahlener Karda-
 mom
40 Tropfen Stevia-Sirup
 #5#
100 ml Rotwein

1 Die Backform mit Backpapier auslegen.

2 Für den Teig die Eier trennen. Eigelb, Margarine oder Butter, Stevia-Granulat und Zitronenschale in eine Rührschüssel geben und schaumig rühren. Mehl und Backpulver sieben und abwechselnd mit der Milch unterarbeiten. Eiweiß mit Salz steif schlagen und unter den Teig ziehen. Zum Schluss Frischkäse unterrühren. Den Teig in die vorbereitete Backform geben und verstreichen.

3 Den Backofen auf 180 °C vorheizen. Für den Belag die Quitten mit einem trockenen Tuch abreiben, anschließend Früchte waschen, abtrocknen und schälen. Kerngehäuse entfernen und die Quitten in möglichst gleichmäßige Spalten schneiden. 900 g abwiegen und sofort mit Zitronensaft beträufeln.

4 Quittenspalten in einen Topf geben und 250 ml Wasser zugießen. Nelken, Zimt, Kardamom, Stevia-Sirup und Rotwein zugeben und zugedeckt bei schwacher Hitze etwa 10–15 Minuten (je nach Quittensorte auch etwas länger) sirupartig einköcheln lassen.

5 Die Quittenspalten herausnehmen und schuppenartig den Teig damit belegen. Den Kuchen auf mittlerer Schiene im vorgeheizten Backofen 60 Minuten backen. In der Form abkühlen lassen.

Sauerkirsch-Quarkkuchen

Die prallen, roten Früchte schmecken einfach nur nach Sommer und mehr.
Ob pur oder verpackt in einem leckeren Kuchen: Das Steinobst wirkt
entzündungshemmend, ist stark im Kampf gegen freie Radikale und soll
sogar den Cholesterinspiegel senken.

Für 20 Stücke

Sie brauchen

800 g frische Sauer-
 kirschen oder
 ungezuckerte aus
 dem Glas
9 DL Steviapulver #1#
250 g Halbfettmargarine
Mark von ½ Vanillestange
1 Prise Salz
4 Eier
500 g Magerquark
400 g Weizenmehl
 (Type 405)
1 Pck. Backpulver
1 TL gemahlener Zimt
10 EL Milch
200 g Sahne
½ DL Steviapulver #1#

1 Den Backofen auf 150 °C vorheizen. Frische Kirschen waschen und entstei-
nen, den Saft auffangen. Kirschen aus dem Glas in ein Sieb schütten und
den Saft in einer Schüssel auffangen. Abgetropfte Kirschen in eine Schüssel
geben, mit 2 DL Steviapulver bestreuen und vorsichtig mischen.

2 In einer zweiten Schüssel Margarine mit dem restlichen Steviapulver,
Vanillemark und Salz schaumig rühren. Die Eier trennen. Eigelb unter die
Margarinemasse rühren, Quark zugeben und das Ganze schaumig rühren.
Mehl, Backpulver und Zimt durch ein Sieb in eine weitere Schüssel sieben.

3 Anschließend die Mehlmischung abwechselnd mit der Milch unter die
Quarkmasse arbeiten, Eiweiß steif schlagen und unterheben. Eine tiefe,
rechteckige Backform (ca. 42 × 29 × 4 cm) einfetten, den Teig einfüllen
und glatt streichen. Kirschen mit dem angesammelten Saft gleichmäßig
auf dem Teig verteilen und den Kuchen etwa 45 Minuten auf mittlerer
Schiene im vorgeheizten Backofen backen.

4 Zum Servieren die Sahne mit dem Steviapulver steif schlagen.

Schoko-Mandel-Kuchen

Braunhirse ist ein glutenfreies Urgetreide, das zu den Rispengräsern zählt und verschiedentlich auch Süßgras genannt wird.

Für 1 Kastenform

1 Den Backofen auf 160 °C vorheizen und die Kastenform fetten.

2 Margarine oder Butter in einen Topf geben und bei schwacher Hitze zerlassen. Abkühlen lassen.

3 Die Eier trennen. Eigelb, 4 EL warmes Wasser, Stevia-Streusüße und Zitronenschale in eine Rührschüssel geben und schaumig schlagen. Eiweiß mit Salz steif schlagen und gleichmäßig unter die Eigelbmasse heben. Mehl, Backpulver, Puddingpulver und Kakao zum Eigelb sieben. Die zerlassene Margarine oder Butter dazugeben. Die Zutaten zu einem glatten Teig verarbeiten.

4 Zum Schluss die gemahlenen Mandeln untermischen. Den Teig in die vorbereitete Kastenform füllen und den Kuchen auf mittlerer Schiene in den vorgeheizten Backofen stellen. Nach 10 Minuten Backzeit den Kuchen der Länge nach ca. 1 cm tief einschneiden und weitere 30 – 35 Minuten backen. In der Form abkühlen lassen.

Sie brauchen
100 g Halbfettmargarine oder Butter
3 Eier
75 g Stevia-Streusüße #3#
abgeriebene Schale von 2 Bio-Zitronen
1 Prise Salz
150 g Braunhirsemehl
2 TL Backpulver
1 Pck. Schokoladen-Puddingpulver
2 EL Kakaopulver
100 g gemahlene Mandeln

Margarine oder Butter für die Form

TIPP
Wenn Sie keine Braunhirse bekommen, können Sie normales Weizenmehl (Type 405) verwenden.

Heidelbeermuffins

Die Kuchen für den kleinen Hunger haben ihren Ursprung in Großbritannien, wo sie den traditionellen Nachmittagstee versüßen. In den USA wurde das fluffige Gebäck zu einem Exportschlager perfektioniert.

Für 12 Stück

1 Den Backofen auf 180 °C vorheizen. Jeweils 2 Papier-Backförmchen ineinanderstecken und in die Mulden einer Muffin-Backform legen. Heidelbeeren verlesen, vorsichtig abspülen und trockentupfen.

2 Beide Mehlsorten, Backpulver, Zimt, Steviapulver und Salz in eine Rührschüssel sieben und gut mischen. Eigelb, Öl und Buttermilch in einer zweiten Schüssel verrühren. Das Eiweiß steif schlagen und vorsichtig unter die Eigelbmasse heben.

3 Die Mehlmischung nach und nach unter die Eigelbmasse rühren. Zum Schluss vorsichtig die Heidelbeeren unterziehen. Den Teig in die vorbereiteten Muffinförmchen geben und die Muffins auf mittlerer Schiene 20 – 25 Minuten backen.

Sie brauchen
150 g Heidelbeeren
100 g Weizenmehl (Type 405)
150 g Weizenmehl (Type 1050)
1 Pck. Backpulver
½ TL gemahlener Zimt
10 DL Steviapulver #1#
1 Prise Salz
3 Eigelb
3 EL Pflanzenöl
250 g Buttermilch
3 Eiweiß

24 Papier-Backförmchen

Schokomuffins

Kinder lieben Muffins. Und Kinder lieben Schokolade. Was liegt da näher, als beides zu kombinieren? Mit Stevia zubereitet, wird daraus eine gesunde Nascherei.

Für 12 Stück

1 Den Backofen auf 180 °C vorheizen. Jeweils 2 Papier-Backförmchen in die Mulden einer Muffin-Backform legen.

2 Mehl, Back- und Kakaopulver, Steviapulver und Salz in eine Schüssel sieben und mischen. Die Eier trennen. Eigelb mit Joghurt, Sahne und Öl in einer zweiten Schüssel verquirlen.

3 Die Schokolade mit der Milch in einem kleinen Topf bei schwacher Hitze schmelzen, etwas abkühlen lassen und unter die Eigelbmasse rühren. Eiweiß steif schlagen und vorsichtig unter die Eigelbmasse ziehen.

4 Die Mehlmischung nach und nach unterrühren. Die Backförmchen zu zwei Dritteln mit Teig füllen und auf mittlerer Schiene 20–25 Minuten backen. Die Muffins nach Belieben mit Kakaopulver bestäuben.

Sie brauchen

250 g Weizenmehl
  (Type 405)
1 Pck. Backpulver
4 EL Kakaopulver
8 DL Steviapulver #1#
1 Prise Salz
3 Eier
100 g Naturjoghurt
250 g Sahne
2 EL Pflanzenöl
30 g zuckerfreie dunkle
  Schokolade
3–4 EL Milch
Kakaopulver zum
  Bestäuben

24 Papier-Backförmchen

Mürbeteigplätzchen mit Schokoglasur

Ein Plätzchenteller ist erst dann wirklich komplett, wenn er von ein paar
leckeren Mürbeteigplätzchen geschmückt wird. Nicht nur Kinder lieben
das zarte Gebäck.

Für 45 – 50 Plätzchen

Sie brauchen

Für den Teig:

400 g Weizenmehl
   (Type 550)
20 g Stevia-Granulat #2#
3 Eigelb
50 g gemahlene
   Haselnüsse
abgeriebene Schale
   und Saft von
   1 Bio-Zitrone
200 g kalte Butter in
   Flöckchen

Für die Glasur:

Dunkle Stevia-Schokolade

1 Den Backofen auf 180 °C (Umluft) vorheizen und ein Backblech mit
Backpapier belegen.

2 Für den Teig das Mehl auf ein Backbrett sieben, in der Mitte eine Vertiefung
machen und Stevia-Granulat, Eigelb, Nüsse, Zitronenschale und -saft hineingeben. Butterflöckchen an den Rand legen. Zutaten mit den Händen zu
einem glatten Teig kneten.

3 Den Teig ca. ½ cm dick ausrollen und etwa 4 cm große, runde Plätzchen
ausstechen. Plätzchen auf das vorbereitete Backblech legen und auf mittlerer
Schiene im vorgeheizten Backofen 10–12 Minuten goldgelb backen.

4 Für die Glasur die Schokolade hacken und im Wasserbad schmelzen. Ein
Stück Pergamentpapier zu einer spitzen Tüte formen, Schokolade hineingeben und die Spitze abschneiden. Die Kekse mit der Schokoglasur verzieren.

TIPP

Den Teig 1 Stunde kalt stellen, dann lässt er sich
besser ausrollen. Nach Belieben die Kekse zudem mit
halben oder gehackten Haselnüssen verzieren.

Spritzgebäck

Ein beliebtes Weihnachtsgebäck, das allerdings zu jeder Jahreszeit
schmeckt und deshalb eigentlich viel häufiger gebacken werden sollte.

Für etwa 40 – 45 Kekse

1 Den Backofen auf 190 °C (Umluft) vorheizen und das Backblech mit
Margarine oder Butter fetten.

2 Die Eier trennen. Eigelb, Butter und Stevia-Granulat in eine Rührschüssel
geben und schaumig rühren. Zitronenschale hinzufügen und unterrühren.
Mehl und Backpulver in eine zweite Schüssel sieben und abwechselnd mit
der Milch portionsweise unterarbeiten, bis ein glatter Teig entsteht.

3 Den Teig in eine Gebäckspritze füllen und auf das vorbereitete Backblech
spritzen. Mit einem Messer in beliebig lange Stücke schneiden. Die Kekse
im vorgeheizten Backofen auf mittlerer Schiene etwa 15 Minuten backen.

Sie brauchen
3 Eier
250 g weiche Butter
70 g Stevia-Granulat #2#
abgeriebene Schale
   von ½ Bio-Zitrone
500 g Weizenmehl
   (Type 550)
2 gestr. TL Backpulver
1 – 2 EL Milch

Margarine oder Butter für
das Backblech

TIPP
Die Kekse nach Belieben zur Hälfte mit steviagesüßter
Schokoglasur verzieren. Eine zusätzliche weihnacht-
liche Note bekommt das Gebäck, wenn 1 TL gemahlener Zimt oder Kardamom unter den Teig gerührt wird.

Zartes Haselnussgebäck

Schon Griechen und Römer schätzten die Haselnuss wegen ihres feinen Aromas. Darüber hinaus gilt die Frucht des Haselnussbaums als Symbol für Frieden und Wohlstand.

Für etwa 50 – 60 Kekse

1 Das Mehl auf ein Backbrett sieben, in der Mitte eine Vertiefung machen und das Stevia-Granulat hineingeben. Butter in kleinen Flöckchen an den Rand, Kakaopulver und Nüsse in die Mulde geben. Alle Zutaten mit den Händen schnell zu einem glatten Teig kneten. Den Teig in Backpapier wickeln und etwa 30 Minuten kalt stellen.

2 Den Backofen auf 180 °C (Umluft) vorheizen und 2 Backbleche mit Backpapier belegen.

3 Aus dem Teig fingerdicke Rollen formen und diese in ca. 5 cm lange Stücke schneiden. Teigstücke auf die vorbereiteten Backbleche legen und im vorgeheizten Backofen auf mittlerer Schiene 10 – 12 Minuten backen.

4 Für die Glasur die Schokolade hacken und im Wasserbad schmelzen. Ein Stück Pergamentpapier zu einer spitzen Tüte formen, Schokolade hineingeben und die Spitze abschneiden. Die Kekse mit der Schokoglasur verzieren.

Sie brauchen

Für den Teig:
200 g Weizenmehl (Type 550)
25 g Stevia-Granulat #2#
200 g kalte Butter
1 EL Kakaopulver
200 g gehackte Haselnüsse

Für die Glasur:
Dunkle Stevia-Schokolade

Brownies

Das traditionelle US-amerikanische Gebäck hat sich mittlerweile seinen Platz in der Welt erobert. Viel geschmolzene Zartbitterschokolade und knackige Nüsse machen Brownies einfach unwiderstehlich.

Für 20–24 Stück

Sie brauchen

200 g Mehl (Type 405)
1 Pck. Backpulver
8 DL Steviapulver #1#
4 EL Kakaopulver
1 Prise Salz
3 Eier
100 g Halbfettmargarine
100 g Buttermilch
100 g ungesüßte
    Zartbitterschokolade
100 g gehackte Walnüsse

1 Den Backofen auf 180 °C vorheizen.

2 Mehl, Backpulver, Steviapulver, Kakaopulver und Salz in eine Schüssel sieben und vermischen. Eier trennen. In einer zweiten Schüssel Eigelb mit Margarine und Buttermilch verrühren. Eiweiß zu steifem Schnee schlagen und vorsichtig unter die Masse heben.

3 Die Schokolade in einem warmen Wasserbad schmelzen, etwas abkühlen lassen, dann vorsichtig unter die Eigelbmasse rühren. Die Mehlmischung portionsweise unterarbeiten. Zum Schluss die gehackten Walnüsse unterheben.

4 Den Teig in eine flache, rechteckige Backform geben und gleichmäßig verstreichen. Die Brownies auf mittlerer Schiene 20–25 Minuten backen. Abkühlen lassen, dann in Stücke schneiden.

Lebkuchenrauten

Ein Muss in der Weihnachtszeit sind saftige Lebkuchen. Selbst gebackene
wie diese sind durch das Dinkelmehl vollwertig und auch nicht so süß.

Für 1 Backblech

Sie brauchen

3 Eier
50 g Stevia-Granulat #2#
1 Prise Salz
2 EL Rapsöl
300 g Dinkelvollkornmehl
½ Pck. Weinstein-
  Backpulver
2 EL Kakaopulver
3 – 4 TL Lebkuchen-
  gewürz
100 g gemahlene
  Mandeln
4 – 5 EL Milch
2 EL Pinienkerne
1 Eigelb zum Bestreichen

1 Den Backofen auf 200 °C vorheizen und ein Backblech mit Backpapier
belegen. Die Eier trennen. Eigelb und Stevia-Granulat in eine Rührschüssel
geben und schaumig rühren. Eiweiß mit Salz steif schlagen und unterheben.
Öl unterrühren. In eine zweite Schüssel Mehl, Backpulver und Kakaopulver
sieben, anschließend portionsweise unter die Eigelbmasse rühren.

2 Lebkuchengewürz und Mandeln hinzufügen und unterarbeiten. Milch hin-
zugießen und unterrühren. Die zähflüssige Teigmasse gleichmäßig auf das
vorbereitete Backblech streichen und mit Pinienkernen bestreuen.

3 Den Lebkuchen im vorgeheizten Backofen auf mittlerer Schiene ca. 20 Minuten backen. Eigelb mit etwas Wasser verquirlen.

4 Den Lebkuchen sofort nach dem Backen in Rauten schneiden, mit dem
Eigelb bestreichen und auf einem Kuchengitter abkühlen lassen.

TIPP
Anstelle von Pinienkernen können auch gehackte
Nüsse oder Mandeln verwendet werden.

Quark-Mandel-Stollen

Mandelstollen ist ein typisches Weihnachtsbrot, das mit und ohne Butter schmeckt. Durch die Zugabe von Quark bleibt der Stollen schön saftig.

Für 1 Stollen

1 Den Backofen auf 190 °C vorheizen. Ein Backblech fetten. Die Eier trennen. Eigelb, Butter und Stevia-Streusüße in eine Rührschüssel geben und schaumig schlagen. Quark, Salz, Zitronenschale und Vanillemark zugeben und unterrühren. Eiweiß zu steifem Schnee schlagen und unterheben.

2 Mehl und Backpulver in eine zweite Schüssel sieben. Portionsweise unter die übrigen Zutaten arbeiten. Den Teig mit dem Rührgerät (mit Knethaken) gut kneten, bis der Teig schwer wird. Dann Rosinen und Mandeln zugeben und unterkneten.

3 Den Teig in die Stollenbackform geben und glatt streichen. Mit der Haube nach oben auf das vorbereitete Backblech stellen. Den Stollen auf mittlerer Schiene im vorgeheizten Backofen 40 Minuten backen. Nach 35 Minuten die Backhaube abnehmen und den Stollen in 5 Minuten goldgelb backen.

4 Stollen aus dem Ofen nehmen und mit zerlassener Butter bestreichen. Nach Belieben mit Stevia-Streusüße bestreuen.

Sie brauchen

4 Eier
200 g Butter
15 – 20 g Stevia-
   Streusüße #3#
400 g Magerquark
1 TL Salz
abgeriebene Schale von
   1 Bio-Zitrone
Mark von 1 Vanillestange
750 g Weizenmehl
   (Type 550)
2 Pck. Backpulver
75 g Rosinen
75 g gehackte Mandeln
100 g zerlassene Butter
   zum Bestreichen
Stevia-Streusüße zum
   Bestreuen

Margarine oder Butter
für die Form

Pflaumenbrot

Trockenpflaumen sind eine beliebte Zutat für Früchtebrot und anderes weihnachtliches Gebäck. Sie enthalten sehr viele Mineralstoffe und Vitamine.

Für 1 Kastenform

1 Das Mehl auf ein Backbrett oder die Arbeitsfläche sieben. In der Mitte eine Vertiefung machen und die Hefe hineinbröckeln. 3 EL von der lauwarmen Milch und das Stevia-Granulat zugeben und daraus mit etwas Mehl einen Vorteig anrühren. Den Teig zugedeckt an einem warmen Ort etwa 15 Minuten gehen lassen.

2 Restliche Milch, Salz und zerlassene Butter dazugeben. Die Zutaten zu einem festen Teig kneten. Den Teig so lange schlagen, bis er Blasen wirft. Zugedeckt nochmals 30 Minuten gehen lassen.

3 Den Backofen auf 200 °C vorheizen und die Kastenform fetten. Backpflaumen in eine Schüssel geben und mit kochendem Wasser übergießen. Kurz ziehen lassen, dann abgießen und abtropfen lassen. Mit Küchenpapier abtrocknen. Pflaumen in Viertel teilen, mit etwas Mehl bestäuben und in den Teig kneten.

4 Den Teig in die Form füllen und nochmals 10 Minuten gehen lassen. Das Pflaumenbrot im vorgeheizten Backofen auf mittlerer Schiene 30 Minuten backen, anschließend die Backofentemperatur auf 180 °C reduzieren und das Brot weitere 15 Minuten backen.

5 Das Pflaumenbrot aus dem Ofen nehmen, mit Butter bestreichen und abkühlen lassen, erst dann aus der Form nehmen. Nicht verbrauchtes Pflaumenbrot in Alufolie gewickelt aufbewahren bzw. einfrieren.

Sie brauchen

400 g Weizenmehl
(Type 405)
30 g frische Hefe
250 ml lauwarme Milch
10 g Stevia-Granulat #2#
1 Prise Salz
50 g zerlassene Butter
180 g entsteinte
Backpflaumen
Mehl zum Bestäuben
Butter zum Bestreichen

Margarine oder Butter
für die Form

Pudding-Bananen-Torte

Eine köstliche Sahnetorte, die auch an besonderen Festtagen aufgetischt werden kann. Schmeckt nicht nur Kindern.

Für 1 Springform Ø 26 cm

Sie brauchen

Für den Biskuitteig:
3 Eier
20 g Stevia-Granulat #2#
1 Prise Salz
100 g Weizenmehl
 (Type 405)
50 g Maismehl
2 TL Backpulver
100 g flüssige Butter

Für die Füllung 1:
6 Bananen
etwas Zitronensaft
3 Blatt weiße Gelatine
1 Pck. Vanillepudding-
 pulver
20 g Stevia-Granulat #2#
500 ml Milch
200 g Sahne

Für die Füllung 2:
4 Blatt weiße Gelatine
400 g Sahne
2 Pck. Sahnesteif
175 g Stevia-Zartbitter-
 schokolade
2 EL Zitronensaft
200 g Magerquark
40 g Stevia-Granulat #2#
Dunkle Stevia-Schokolade

1 Den Backofen auf 200 °C vorheizen und die Springform mit Backpapier auslegen.

2 Für den Biskuitteig die Eier trennen. Eigelb, Stevia-Granulat und 2 EL warmes Wasser in eine Rührschüssel geben und schaumig schlagen. Eiweiß mit Salz steif schlagen und unter die Eigelbmasse ziehen. Beide Mehlsorten und Backpulver sieben und abwechselnd mit der Butter unterrühren. Den Teig in die Form füllen und im vorgeheizten Backofen auf mittlerer Schiene 20 Minuten backen. Biskuitboden abkühlen lassen, Springformrand entfernen und einen Tortenring um den Boden legen.

3 Für die Füllung 1 die Bananen schälen und längs halbieren. Bananenhälften mit Zitronensaft beträufeln und auf den Boden legen. Gelatine einweichen. Aus Puddingpulver, Stevia-Granulat und Milch einen Pudding zubereiten. Gelatine ausdrücken, mit etwas Sahne erhitzen und unter den Pudding heben. Restliche Sahne steif schlagen und unter den Pudding heben. Abkühlen lassen und über die Bananen streichen. Kalt stellen, bis die Masse fest ist.

4 Für die Füllung 2 die Gelatine einweichen. 1 EL Sahne abnehmen, restliche Sahne mit Sahnesteif steif schlagen. Schokolade grob zerkleinern und im Wasserbad schmelzen, anschließend unter die steif geschlagene Sahne mischen. Zitronensaft, Quark und Stevia-Granulat unterrühren. Gelatine ausdrücken und in einem kleinen Topf mit dem EL Sahne erhitzen, bis sie sich gelöst hat. Unter die Schokoladenmasse heben und abkühlen lassen. Die Schokosahne auf die Puddingmasse geben. Torte kalt stellen. Die Schokolade im Wasserbad schmelzen und mithilfe eines Spritzbeutels die Torte damit verzieren. Tortenring entfernen.

Himbeer-Schmandtorte

Schnell gemacht und trotzdem eine kulinarische Verführung für jeden Anlass und zu jeder Zeit. Statt tiefgekühlter Himbeeren können in der Saison auch frische Früchte verwendet werden.

Für 1 Springform Ø 26 cm

Sie brauchen

Für den Belag:
1 kg TK-Himbeeren
50 g Stevia-Granulat #2#

Für den Teig:
4 Eier
15 g Stevia-Granulat #2#
1 Prise Salz
200 g Braunhirsemehl
1 Pck. Backpulver
1 Tasse Rapsöl
1 Tasse Mineralwasser

Für den Schmand-Guss:
400 g Sahne
2 Pck. Sahnesteif
3 g Stevia-Granulat #2#
600 g Schmand

20 g Stevia-Granulat #2# und 2 EL gemahlener Zimt zum Bestreuen

1 Nach Belieben 16 Himbeeren für die Garnitur beiseitelegen. Restliche Beeren mit dem Stevia-Granulat mischen und beiseitestellen. Den Backofen auf 220 °C vorheizen und die Backform mit Backpapier belegen.

2 Für den Teig die Eier trennen. Eigelb und Stevia-Granulat in eine Rührschüssel geben und schaumig rühren. Eiweiß mit Salz steif schlagen und unterziehen. Mehl und Backpulver sieben und nach und nach unterarbeiten. Öl und Mineralwasser unterrühren. Den flüssigen Teig in die Form füllen und glatt streichen. Im vorgeheizten Backofen auf mittlerer Schiene 15 – 20 Minuten backen. Den Boden abkühlen lassen.

3 Für den Schmand-Guss Sahne mit Sahnesteif und Stevia-Granulat steif schlagen. Schmand unterheben. Himbeeren auf dem abgekühlten Boden verteilen. Den Schmand-Guss gleichmäßig darauf verteilen. Torte kalt stellen, bis der Guss fest ist.

4 Zum Bestreuen Stevia-Granulat und Zimt mischen und die Torte damit vor dem Servieren bestreuen. Die Torte in 16 Stücke schneiden. Nach Wunsch jedes Stück mit einer Himbeere belegen.

Sanddorn-Biskuittorte

Die leuchtend orangefarbenen Früchte des Sanddornstrauches sind
im Herbst erntereif. Sie enthalten zehnmal so viel Vitamin C wie Zitronen.
Die »Zitronen des Nordens« schmecken leicht herb-säuerlich.

Für 1 Springform ⌀ 26 cm

1 Den Backofen auf 180 °C (Umluft) vorheizen. Die Eier trennen. Eigelb
und 4 EL heißes Wasser in eine Rührschüssel geben und zu einer schaumi-
gen Masse schlagen. Eiweiß mit einer Prise Salz steif schlagen und unter
die Eigelbmasse ziehen. Mehl, Speisestärke, Backpulver und Steviapulver
mischen und in eine zweite Schüssel sieben, dann nach und nach unter
die Eiermasse rühren.

2 Die Springform mit Backpapier auslegen, den Teig einfüllen und glatt streichen. Biskuit auf mittlerer Schiene 18 Minuten backen. Nach dem Backen
kurz ruhen lassen, dann aus der Form nehmen und den Boden umgedreht
auf eine Tortenplatte legen. Backpapier entfernen, Boden vorsichtig umdre-
hen und vollständig abkühlen lassen. Anschließend den Boden einmal quer
durchschneiden.

3 Für die Füllung 1 die Zutaten und 60 ml Wasser mit Geliermittel für Fruchtaufstrich nach den Herstellerangaben aufkochen und abkühlen lassen.

4 Für die Füllung 2 Sanddornsaft und Orangensaft mischen. Steviapulver in
die Saftmischung einrühren. Gelatine einweichen und ausdrücken. Sahne fast
steif schlagen. Gelatine erwärmen und etwas Sahne in die Gelatine rühren.
Danach Gelatine und Saft mit dem Handrührgerät in die Sahne rühren.

5 Den unteren Tortenboden zunächst mit dem Fruchtgelee bestreichen und
darauf ein Drittel der Sahnemischung verteilen. Den oberen Tortenboden
auflegen und mit der restlichen Sahne die Tortenoberfläche und den Rand
bestreichen. Nach Belieben garnieren.

Sie brauchen

Für den Biskuitboden:
4 Eier
1 Prise Salz
40 g Weizenmehl
   (Type 405)
50 g Speisestärke
1 TL Backpulver
8 DL Steviapulver #1#

Für die Füllung 1:
60 ml ungesüßter
   Sanddornsaft
130 ml ungesüßter
   Orangensaft
7 DL Steviapulver #1#
Geliermittel für
   Fruchtaufstrich

Für die Füllung 2:
30 ml ungesüßter
   Sanddornsaft
120 ml ungesüßter
   Orangensaft
16 DL Steviapulver #1#
4 Blatt weiße Gelatine
400 g Sahne

Milchreistorte

Bei dieser Torte bleibt der Backofen kalt und Milchreis kommt zu neuen Ehren. Zusammen mit Kirschen ein fruchtig-sahniger Genuss!

Für 1 Springform ⌀ 26 cm

1 Die Springform mit Margarine oder Butter fetten. Zwieback in einen Gefrierbeutel geben und diesen fest verschließen. Mit einer Teigrolle darüber rollen, bis der Zwieback fein zerbröselt ist. Brösel in eine Schüssel geben. 2 EL Brösel in einer Tasse beiseitestellen. Margarine oder Butter in einem kleinen Topf zerlassen, mit den Bröseln vermengen. Die Masse mit einem Esslöffel in die Springform geben und einen Boden sowie einen ca. 2 cm hohen Rand formen.

2 Kirschen mit Saft in einen Topf geben, Stevia-Granulat und Puddingpulver unterrühren und erhitzen, bis eine dickflüssige Masse entsteht. Topf zur Seite stellen, Kirschen abkühlen lassen. Die Kirschmasse mit einem Esslöffel vorsichtig auf dem Boden verteilen und glatt streichen.

3 In einem Topf die Milch mit Reis, Stevia-Granulat, Zitronenschale und Salz aufkochen. Bei schwacher Hitze ca. 30 Minuten bei gelegentlichem Umrühren quellen lassen. Zitronenschale entfernen. Sahne steif schlagen, unter den leicht abgekühlten Reis ziehen. Tortenguss aufkochen, etwas abkühlen lassen und unter den Milchreis rühren. Den Sahne-Milchreis gleichmäßig auf der Kirschmasse verteilen.

4 Die abgekühlte Milchreistorte 1 Stunde kalt stellen. Torte vor dem Servieren mit Zwiebackbröseln bestreuen oder alternativ mittels einer Schablone mit gemahlenem Zimt ein Muster auf die Torte zaubern.

Sie brauchen

200 g ungesüßter Dinkel-Zwieback
125 g Halbfettmargarine oder Butter
350 g entsteinte Schattenmorellen aus dem Glas
10 g Stevia-Granulat #2#
1 Pck. Puddingpulver Vanillegeschmack
700 ml Milch
150 g Rundkornreis
15 g Stevia-Granulat #2#
1 Stück Bio-Zitronenschale
2 Prisen Salz
200 g Sahne
1 Pck. Tortenguss klar
gemahlener Zimt zum Bestäuben (nach Belieben)

Margarine oder Butter für die Form

Mohntorte

Gemahlenen Mohn erhalten Sie in vielen Lebensmittelgeschäften und Reformhäusern. Achten Sie darauf, dass der fertig gemahlene Mohn ungesüßt ist.

Für 1 Springform ⌀ 28 cm

1 Rosinen in eine kleine Schüssel geben und mit Rum begießen. Rosinen darin 30 Minuten weichen lassen. Den Backofen auf 180 °C vorheizen und die Springform leicht fetten.

2 Die Eier trennen. Eigelb, Butter und Stevia-Granulat in eine Rührschüssel geben und schaumig rühren. Den gemahlenen Mohn unterrühren.

3 Eiweiß steif schlagen und ebenfalls unter die Mohnmasse rühren. Mehl und Backpulver einrühren (normales Weizenmehl vorher sieben). Quark und Schmand unterarbeiten.

4 Rosinen abgießen, zum Teig geben und kurz unterarbeiten. Den Teig in die vorbereitete Springform geben und glatt streichen. Den Mohnkuchen im vorgeheizten Backofen auf mittlerer Schiene 40 Minuten backen. In der Form abkühlen lassen.

Sie brauchen

100 g Rosinen
etwas Rum
8 Eier
200 g Butter
40 g Stevia-Granulat #2#
300 g gemahlener Mohn
 (ohne Zuckerzusatz)
150 g Instantmehl oder
 Weizenmehl
 (Type 405)
4 TL Weinstein-
 Backpulver
150 g Magerquark
150 g Schmand

Margarine oder Butter
für die Form

Süßspeisen und Getränke

Ob als krönender Abschluss nach einem Essen oder einfach nur zum Stärken zwischendurch: Die abwechslungsreichen Desserts und Cremes machen einfach Lust auf mehr. Und sind zudem noch gesund. Oder wie wär's mit einer Vitaminbombe zum Trinken? Mit Steviasüße müssen Sie auf besondere Geschmackserlebnisse nicht verzichten!

Avocado-Quark-Creme

Avocados liefern nicht nur viele gesunde Fette, sondern auch Vitamine und Mineralstoffe. Sie sind eine ideale Zutat für Smoothies und Cremes und lassen sich auch gut mit anderen Früchten kombinieren.

Für 3 – 4 Portionen

Sie brauchen

2 reife Avocados
1 Limette
15 Tropfen Stevia-Sirup
 #5#
150 g Magerquark
100 g Sahne
einige Bio-Orangen-
 scheiben
gehackte Pistazien

1 Avocados halbieren, den Kern entfernen. Das Fruchtfleisch von der Schale lösen und in eine Schüssel geben. Limette auspressen, Saft mit dem Avocado-Fruchtfleisch und dem Stevia-Sirup pürieren.

2 Den Quark zur Avocado geben und das Ganze pürieren. Sahne steif schlagen. Etwas Sahne zum Garnieren beiseitestellen, die übrige Sahne unterheben.

3 Die Avocadocreme in Gläser oder Dessertschalen füllen. Mit Orangen-scheiben, restlicher Sahne und den gehackten Pistazien garnieren.

Brombeer-Weintrauben-Mascarpone

Die schwarzen Brombeeren verleihen Desserts einen fruchtigen Geschmack und eine schöne, kräftige Farbe. So unscheinbar sie aussehen, Brombeeren sind richtige Vitaminbomben!

Für 4 Portionen

Sie brauchen
250 g Brombeeren
20 Stevia-Tropfen #4#
300 g helle kernlose
    Weintrauben
500 g Mascarpone
200 g Naturjoghurt
4 EL Zitronensaft
24 Stevia-Tropfen #4#
200 g Sahne
Kakaopulver zum
    Bestäuben
Eierlikör zum Beträufeln

1 Brombeeren vorsichtig waschen, trockentupfen und in einer Schüssel leicht zerdrücken. 4 Brombeeren für die Garnitur beiseitelegen. Stevia-Tropfen zugeben und vorsichtig mit den Brombeeren vermengen.

2 Weintrauben waschen und halbieren. Die Trauben auf 4 Dessertschalen oder Gläser verteilen. Mascarpone, Joghurt, Zitronensaft und Stevia-Tropfen in eine Schüssel geben und verrühren. Sahne steif schlagen und unter die Mascarponemasse geben.

3 Die Hälfte der Mascarponecreme auf die Weintrauben geben. Danach Brombeeren auf die Creme schichten. Restliche Mascarponecreme darauf verteilen. Das Dessert vor dem Servieren mit etwas Kakaopulver bestäuben und mit etwas Eierlikör beträufeln. Zum Schluss Brombeeren auf die Creme legen.

Melonen-Frischkäse

Sommerzeit ist Melonenzeit! Der Melonen-Frischkäse ist bei heißen Temperaturen genau das Richtige für den kleinen Hunger zwischendurch.

Für 4 Portionen

1 Honigmelonen halbieren, vom Kerngehäuse befreien, dabei den Melonensaft in einer kleinen Schale auffangen. Von der Honigmelone und der Charentais-Melone Melonenkugeln ausstechen. Kugeln in eine Schüssel geben, mit Limettensaft beträufeln und beiseitestellen.

2 Frischkäse mit etwas Melonensaft, Steviapulver und Vanillemark verrühren. Sahne steif schlagen und vorsichtig unter den Frischkäse rühren. Honigmelonenhälften glatt schneiden.

3 Melonenschalen jeweils auf einen Teller stellen, mit der Frischkäsemasse und den Melonenkugeln füllen. Zum Schluss einige Melonenkugeln daraufgeben und mit Minze oder Zitronenmelisse garnieren. Den Melonen-Frischkäse leicht gekühlt servieren.

Sie brauchen
2 Honigmelonen
1 Charentais-Melone
Saft von 6 Limetten
200 g Frischkäse
Melonensaft
3 DL Steviapulver #1#
Mark von ½ Vanillestange
10 EL Sahne
Minze- oder Zitronenmelisseblätter zum Garnieren

Sanddorn-Nashi-Mousse

Die in Asien beheimatete Nashi-Frucht erfreut sich auch in unseren Breiten immer größerer Beliebtheit. Ihr weißes, festes Fruchtfleisch ist reich an Vitamin C und erinnert im Geschmack an Birnen.

Für 4 Portionen

1 Joghurt in eine Rührschüssel geben. Eier trennen. Eigelb, Sanddornsaft, Orangensaft, Stevia-Tropfen, Salz, Zimt und Zitronenschale hinzufügen und das Ganze schaumig rühren.

2 Nashi-Birnen waschen, schälen, halbieren, Kerngehäuse entfernen. Fruchtfleisch in kleine Würfel schneiden, sofort mit 1 EL Zitronensaft beträufeln. Gelatine in kaltem Wasser einweichen. Nashiwürfel in die Joghurtmasse geben und das Ganze pürieren. Sahne steif schlagen und unter die Joghurtmasse heben.

3 Eiweiß ebenfalls steif schlagen und unterziehen. Gelatine gut ausdrücken, mit dem restlichen Zitronensaft warm auflösen und sorgfältig unter die Joghurt-Fruchtmasse rühren. Die Mousse in Schüsseln füllen und kalt stellen.

4 Nach Belieben mit einem Esslöffel Nocken ausstechen und auf Tellern anrichten, mit etwas Kakaopulver garnieren. Oder einfach direkt aus der Schüssel löffeln.

Sie brauchen

400 g Naturjoghurt
2 Eier
100 ml ungesüßter
  Sanddornsaft
100 ml frisch gepresster
  Orangensaft
50 Stevia-Tropfen #4#
1 gute Prise Salz
1 Msp. gemahlener Zimt
abgeriebene Schale
  von 1 Bio-Zitrone
2 Nashi-Birnen
  (ca. 150 g Frucht-
  fleisch)
2 EL Zitronensaft
6 Blatt weiße Gelatine
125 g Sahne
Kakaopulver zum
  Bestäuben

Erdbeergratin

Ein fruchtiges Dessert, das selbst ein Festessen krönt. Natürlich lässt es sich auch mit anderen Früchten, zum Beispiel Himbeeren, zubereiten.

Für 4 Portionen

Sie brauchen
500 g Erdbeeren
400 g Frischkäse
8–10 Stevia-Tropfen #4#
8 EL frisch gepresster
  Orangensaft
abgeriebene Schale
  von 2 Bio-Zitronen
4 Eiweiß
1–2 EL Mandelblättchen

1 Den Backofen auf 150 °C vorheizen.

2 Die Erdbeeren waschen, trockentupfen, entstielen und halbieren, größere Früchte vierteln. Erdbeeren in eine Auflaufform geben und verteilen.

3 Den Frischkäse mit Stevia-Tropfen, Orangensaft und Zitronenschale in einer Schüssel cremig verrühren. Eiweiß steif schlagen und unter die Masse heben.

4 Anschließend die Frischkäsemasse auf den Erdbeeren verteilen und mit den Mandelblättchen bestreuen. Ca. 20–25 Minuten auf mittlerer Schiene überbacken.

Grießflammeri mit Erdbeersauce

Der nostalgische Grießpudding schmeckt zum Dahinschmelzen gut.
Traditionell gehört eine Fruchtsauce dazu, in diesem Fall aus Erdbeeren
zubereitet. Schmeckt aber auch aus anderem Obst.

Für 4 Portionen

Sie brauchen

Für das Flammeri:
4 Blatt weiße Gelatine
500 ml Milch
1 Prise Salz
abgeriebene Schale
   von 1 Bio-Zitrone
3 DL Steviapulver #1#
Mark von ½ Vanilleschote
100 g Weichweizengrieß
2 Eier
250 g Sahne

Für die Sauce:
200 g Erdbeeren
3 EL frisch gepresster
   Orangensaft
einige Stevia-Tropfen
   #4# nach Belieben

1 Für das Flammeri die Gelatine in kaltem Wasser einweichen. Milch, Salz, Zitronenschale, Steviapulver und Vanillemark in einen Topf geben und unter mäßigem Rühren aufkochen. Langsam den Grieß einrühren und 5 Minuten unter ständigem Rühren leicht köcheln lassen.

2 Die Eier trennen. Die Gelatine gut ausdrücken, mit dem Eigelb unter die heiße Masse rühren und abkühlen lassen. Sahne steif schlagen. Eiweiß steif schlagen. Die Sahne vorsichtig unter die Grießmasse ziehen, danach den Eischnee.

3 Den Grieß in kalt ausgespülte kleine Formen füllen und erkalten lassen, dann in den Kühlschrank stellen, bis die Flammeris fest sind.

4 Für die Sauce die Erdbeeren waschen und trockentupfen. Einige Erdbeeren für die Garnitur zurücklegen, den Rest mit dem Orangensaft fein pürieren und nach Belieben mit einigen Stevia-Tropfen beträufeln. Die Grießflammeris mit der Erdbeersauce und den Erdbeeren verziert servieren.

Buttermilchpfannkuchen mit Blaubeeren

Von diesen leckeren Pfannkuchen werden nicht nur Kinder begeistert sein. Anstelle von Blaubeeren können Sie auch Bananenscheiben, Himbeeren oder anderes Obst verwenden. Je nach Obstsorte muss die Menge an Steviapulver angepasst werden.

Für 4 Stück

Sie brauchen

100 g Weizenmehl
  (Type 405)
2 TL Backpulver
200 g Buttermilch
50 ml Mineralwasser
1 gute Prise Salz
2 DL Steviapulver #1#
12 Stevia-Tropfen #4#
½ TL gemahlener Zimt
2 EL Butter
2 Eier
250 g Blaubeeren
Öl oder Butter zum
  Ausbacken

1 Mehl und Backpulver in eine Schüssel sieben. In einer weiteren Schüssel Buttermilch und Mineralwasser, Salz, Steviapulver, Stevia-Tropfen und Zimt verrühren. Die Flüssigkeit unter das Mehl rühren und den Teig 10–15 Minuten quellen lassen.

2 Butter in einem kleinen Topf zerlassen und etwas abkühlen lassen, die Eier trennen. Die zerlassene Butter und Eigelb unter den Teig rühren. Eiweiß steif schlagen und unterheben. Blaubeeren vorsichtig waschen und auf Küchenpapier abtropfen lassen. Einige Blaubeeren für die Garnitur beiseitelegen.

3 Öl oder etwas Butter in einer Pfanne erhitzen und eine halbe Schöpfkelle Teig in die Pfanne geben, dabei die Pfanne leicht schräg halten und etwas schwenken, sodass sich der Teig gleichmäßig verteilen kann. Pfannkuchen leicht stocken lassen, bis die Unterseite leicht gebräunt ist und die Oberseite nicht mehr flüssig ist. Ein Viertel der Blaubeeren auf den Teig geben, den Pfannkuchen wenden und von der anderen Seite goldgelb backen. Aus dem Teig insgesamt 4 Pfannkuchen backen.

TIPP

Alternativ oder zusätzlich Pfannkuchen mit Vanillepudding servieren. Dafür ein klein wenig von insgesamt 500 ml Milch mit 2 EL Puddingpulver glatt verrühren. Restliche Milch in einen Topf gießen und unter Rühren aufkochen. Pudding- und 1 DL Steviapulver einrühren. 1 Eigelb unterziehen und unter Rühren leicht aufkochen.

Früchtemüsli

Ein gesunder Snack für die ganze Familie, der jede Menge Vitamine und Mineralstoffe liefert. Und das ganz ohne herkömmlichen Zucker.

Für 4 Portionen

1 Gojibeeren in eine kleine Schale geben, mit heißem Wasser übergießen und 10 Minuten einweichen. Weintrauben, Äpfel, Nashi, Heidelbeeren und Johannisbeeren waschen. Weintrauben halbieren. Äpfel und Nashi schälen, entkernen, das Fruchtfleisch in kleine Stücke schneiden. Orangen schälen, das Fruchtfleisch filetieren und die Orangenfilets in mundgerechte Stücke schneiden. Geschälte Bananen in Scheiben schneiden.

2 Gojifrüchte abgießen und abtropfen lassen. Alle Früchte einschließlich der Rosinen in eine große Schüssel geben. Haferflocken darüberstreuen. Die Zutaten mischen und auf Müslischalen verteilen.

3 Nach Geschmack mit einigen Stevia-Tropfen oder etwas Steviapulver süßen und mit Milch servieren.

Sie brauchen
2 EL getrocknete Goji-
  beeren
einige helle und dunkle
  Weintrauben
2 säuerliche Äpfel
2 Nashi-Birnen
4 EL Heidelbeeren
4 EL rote Johannisbeeren
2 Orangen
2 Bananen
4 EL Rosinen
100 g Haferflocken
einige Stevia-Tropfen
  #4# oder etwas
  Steviapulver #1#
Milch

Haselnussgelee mit Joghurt und Buttermilch

Für Liebhaber von Nüssen ist das Haselnussgelee eine Offenbarung.
Beeren und Minze geben dem Ganzen einen besonderen Frischekick!
Schmeckt übrigens auch mit Walnüssen.

Für 4 Portionen

1 Die Gelatine in kaltem Wasser einweichen.

2 Joghurt in eine Schüssel geben und mit Buttermilch, Zitronen- und Orangensaft sowie Steviapulver schaumig rühren. Die gemahlenen Haselnüsse
untermischen.

3 Die Gelatine gut ausdrücken, in etwas heißem Wasser auflösen und leicht
abgekühlt unter die Nussmischung rühren. Die Nussmischung in 4 Dessert-
gläser füllen und diese in den Kühlschrank stellen.

4 Beerenfrüchte verlesen oder waschen und mit den Minzeblättern als Garnitur
anrichten. Nach Belieben jeweils eine Haselnuss drauflegen.

Sie brauchen
5 Blatt weiße Gelatine
200 g Naturjoghurt
100 g Buttermilch
Saft von ½ Zitrone
Saft von 1 Orange
7 DL Steviapulver #1#
50 g gemahlene
  Haselnüsse
1 Handvoll Beerenfrüchte
einige Minzeblätter

Ananascreme mit Kokos

Ein Hauch von Exotik! Die Ananascreme ist ein erfrischender Abschluss nach einem reichhaltigen Mahl, schmeckt aber auch als kleine Zwischenmahlzeit sehr gut.

Für 4 Portionen

Sie brauchen

220 g frisches Ananas-
Fruchtfleisch
400 g Ricotta
Saft von ½ Zitrone
1 ½ DL Steviapulver #1#
Mark von ½ Vanillestange
1 Prise gemahlener
Kardamom
3 – 4 EL Kokosraspel
2 Eiweiß
6 EL Sahne
frische Kokosnuss und
Ananasstücke zum
Garnieren

1 Ananas schälen, in Viertel teilen, den inneren Strunk entfernen. Fruchtfleisch in kleine Stücke schneiden und 220 g abwiegen.

2 Ricotta mit Zitronensaft, Steviapulver, Vanillemark und Kardamom in eine Rührschüssel geben und glatt rühren. Kokosraspel unterrühren. Eiweiß steif schlagen. Sahne steif schlagen. Erst das Eiweiß, dann die Sahne vorsichtig unter die Ricottamasse heben. Zuletzt die Ananasstücke untermengen.

3 Die Creme in Gläser oder Schälchen verteilen und gut gekühlt servieren. Vor dem Servieren mit frischer Kokosnuss und Ananas garnieren.

Frucht-Smoothie

Da stecken viele Vitamine und Mineralstoffe drin. Eine gesunde Zwischenmahlzeit, die nicht nur sättigt, sondern auch neue Kräfte schenkt.

Für 2 Gläser

Sie brauchen
1 Kiwi
350 g Ananas-Frucht-
  fleisch
750 g Honigmelonen-
  Fruchtfleisch
10 Physalis (Kapstachel-
  beeren)
3 DL Steviapulver #1#

1 Die Früchte vorkühlen. Kiwi schälen und würfeln und mit Ananas und
Melone in einen hohen Rührbecher oder eine Küchenmaschine geben.
Physalis enthülsen und mit dem Steviapulver zugeben.

2 Das Ganze fein pürieren. In hohe Gläser füllen und mit Strohhalm
servieren.

Johannisbeer-Shake

Für 2 Gläser

Sie brauchen
4 geh. EL rote
  Johannisbeeren
2 Kugeln (Diabetiker-)
  Vanilleeis
250 ml kalte Milch
1 DL Steviapulver #1#

Die Zutaten in einen hohen Rührbecher oder eine Küchenmaschine geben und
fein pürieren. In zwei hohe Gläser füllen und mit Strohhalm servieren.

Mandelmus-Flip

Mandeln sind reich an Vitaminen und Mineralstoffen und liefern überdies gesunde Fette, die sogar vor Diabetes und Herz-Kreislauf-Erkrankungen schützen sollen. Gönnen Sie sich diesen köstlichen Gesundheitsdrink!

Für 2 Gläser

1 Mandelmus, Vanillemark, Steviapulver, Eigelb, Milch und 125 g von der Sahne in eine Küchenmaschine geben und die Zutaten gut mischen. In 2 hohe Gläser füllen.

2 Restliche Sahne steif schlagen und jeweils einen dicken Sahnetupfer auf jedes Glas spritzen. Die Schokolade schmelzen und leicht abgekühlt über die Sahne laufen lassen. Anschließend sofort servieren.

Sie brauchen
2 EL weißes Mandelmus
Mark von ½ Vanillestange
1 DL Steviapulver #1#
2 Eigelb
250 ml Milch
200 g Sahne
Dunkle ungesüßte
 Schokolade

Sanddorn-Bananen-Lassi

Lassi, das traditionelle Joghurtgetränk aus Indien, ist ein gesunder
und erfrischender Durstlöscher für heiße Sommertage. Lassis können
auch als Dessert gereicht werden.

Für 2 Gläser

1 Bananen schälen und zusammen mit dem Zitronensaft pürieren.

2 Alle übrigen Zutaten zugeben und das Ganze schaumig pürieren.
Abschmecken und in zwei Gläser füllen. Nach Belieben mit ein wenig
Sanddornsaft ein Muster auf die Oberfläche träufeln. Das Lassi gut
gekühlt mit Strohhalm servieren.

Sie brauchen
2 Bananen
1 TL Zitronensaft
6 EL ungesüßter
  Sanddornsaft
300 ml Milch
300 g Naturjoghurt
3 DL Steviapulver #1#
1 Prise gemahlener
  Kardamom
1 Prise Safranpulver

Herzhaftes

Auch herzhafte Gerichte brauchen hin und wieder einen feinen Hauch von Süße, um zur Höchstform aufzulaufen. Was wäre ein Salatdressing ohne eine Prise Zucker – bzw. Stevia? Oder selbst gemachter Ketchup? Statt Unmengen von Zucker für die Zubereitung zu verwenden, reicht jetzt ein wenig Stevia-süße. Probieren Sie die Vielfalt der köstlichen Rezepte, die für Abwechslung sorgen.

Bunter Sommersalat mit Himbeer-Marinade

Ein leichter und gesunder Salatteller, der durch die Himbeeren eine fruchtige Note bekommt. Bei Salaten und Kräutern können Sie variieren, und auch mit frischen Erdbeeren schmeckt der Salat sehr gut.

Für 4 Portionen

Sie brauchen
Für den Salat:
1 grüner Friséesalat
150 g Feldsalat
2 Mini-Romanasalate
1 Bund Rucola
Je 2 weiße und rote
    Zwiebeln
2 Bund Radieschen
200 g frische Himbeeren
2 EL Brunnenkresse
2 EL gehackte Petersilie

Für die Marinade:
4 EL Himbeeressig
1 gute Prise Salz
8 EL Gemüsefond
14 Stevia-Tropfen #4#
6 – 8 EL Rapsöl
schwarzer Pfeffer

1 Salate waschen, trockenschütteln und in mundgerechte Stücke zerteilen. Zwiebeln schälen, erst in dünne Scheiben schneiden, dann in Ringe teilen. Radieschen putzen, waschen, trockentupfen und in Scheiben schneiden.

2 Himbeeren verlesen, eventuell waschen und vorsichtig trockentupfen. Salat, Zwiebeln und Radieschen auf 4 Tellern anrichten. Himbeeren darauf verteilen und den Salat mit Brunnenkresse und Petersilie bestreuen.

3 Für die Marinade alle Zutaten miteinander verrühren und über den Salat träufeln.

TIPP
Nach Belieben den Salat zusätzlich mit gehackten und gerösteten Walnusskernen bestreuen und Brot dazu reichen.

Orangen-Sellerie-Salat mit Limetten-Dressing

Ein fruchtig-würziger, kalorienarmer Ganzjahressalat, der nicht nur reichlich Vitamin C liefert, sondern auch wertvolle Mineralstoffe und gesundheitsförderliche ätherische Öle.

Für 2 Portionen

1 Für den Salat Knollensellerie gründlich waschen und schälen. Sellerie grob raspeln und in eine Salatschüssel geben. Sofort mit Zitronensaft beträufeln.

2 Orangen gründlich abwaschen und trockentupfen. Von 1 Orange die Hälfte der Schale abreiben und für das Dressing beiseitestellen. Orangen so schälen, dass auch die weiße Haut mit entfernt wird. Orangenfilets auslösen, halbieren, zu den Sellerieraspeln geben und beides gut mischen.

3 Walnusskerne klein hacken und untermischen.
Für das Dressing die Zutaten gut verrühren und über den Salat geben.
Gut mischen und servieren.

Sie brauchen
Für den Salat:
400 g Knollensellerie
Saft von 1 Zitrone
2 Orangen
40 g Walnusskerne

Für das Dressing:
Saft von 1 Limette
100 g Naturjoghurt
100 g saure Sahne
2 EL Rapsöl
1 DL Steviapulver #1#
abgeriebene Schale
   von ½ Bio-Orange
Salz und Pfeffer

TIPP
Sie können das Dressing auch extra zum Salat reichen.

Rohkost mit Dips

Ein gesunder Knabberspaß, den man gut mit zur Arbeit nehmen kann.
Auch in geselliger Runde ist ein Rohkostteller mit leckeren Dips immer willkommen.

Für 4 Portionen

1 Für den Curry-Bananen-Dip Schalotte schälen, fein würfeln und in eine Schüssel geben. Joghurt unterrühren und Öl und Zitronensaft zugeben. Banane schälen, mit einer Gabel fein zerdrücken und untermengen. Mit Currypulver, Stevia-Tropfen, etwas Salz und Pfeffer würzen.

2 Für den Meerrettich-Joghurt-Dip alle Zutaten in eine Schüssel geben und gut vermengen.

3 Für die Rohkost Radieschen und Zucchini putzen, waschen und in Scheiben schneiden. Möhren und Kohlrabi schälen und in Stifte schneiden. Paprika halbieren, entkernen, weiße Trennwände entfernen, waschen und ebenfalls in Stifte schneiden. Gurke waschen, längs halbieren, entkernen und ebenfalls in nicht zu kleine Stifte schneiden. Gemüse portionsweise auf Tellern oder in Schalen anrichten und mit den Dips reichen.

TIPP

Auch ideal geeignet als Bürosnack. Kann schon abends zubereitet werden und in kleinen Vorratsbehältern im Kühlschrank gelagert werden.

Sie brauchen

Curry-Bananen-Dip:
1 Schalotte
150 g Naturjoghurt
2 EL Rapsöl
Saft von ½ Zitrone
1 weiche Banane
1 EL Currypulver
11 Stevia-Tropfen #4#
Salz und schwarzer Pfeffer

Für den Meerrettich-Joghurt-Dip:
½ TL Sahnemeerrettich
180 g Naturjoghurt
100 g Schmand
1 EL Tomatenmark
4–6 EL frisch gepresster Orangensaft
3–4 Stevia-Tropfen #4#
1 kleine Prise Chilipulver
weißer Pfeffer und Salz

Gemüse-Rohkost nach Geschmack und Verfügbarkeit z. B.:
1 Bund Radieschen
je 1–2 Zucchini, Möhren, Kohlrabi
je 1 rote, grüne und gelbe Paprikaschote
½ Salatgurke

Apfel-Meerrettich-Senf

Senf und Ketchup halten sich in Gläser mit Schraubdeckel gefüllt mehrere Monate.

Für ca. 1500 g Senf

Apfelwürfel mit Zitronensaft beträufeln und mit 300 ml Wasser in einem Topf aufkochen und unter Rühren weich garen. In einem weiteren Topf 200 ml Wasser mit beiden Essigsorten kurz aufkochen und leicht abkühlen lassen. Senfmehl, Sahnemeerrettich und Öl mit den übrigen Gewürzen in eine größere Schüssel geben und mit der Flüssigkeit auffüllen. 5 Minuten mixen. Die Senfpaste einige Stunden offen quellen lassen und gelegentlich umrühren, dann zugedeckt 1–2 Tage im Kühlschrank ziehen lassen. In Gläser mit Schraubdeckel füllen.

Sie brauchen
600 g Apfelfruchtfleisch
etwas Zitronensaft
150 ml Weinessig (5 %)
150 ml Apfelessig
250 g gelbes Senfmehl
1 TL Sahnemeerrettich
2 EL Rapsöl, 25 g Salz
12–15 DL Steviapulver
 #1#
1 DL Chilipulver
weißer u. schwarzer Pfeffer

Tomatenketchup

Für ca. 370 ml Ketchup

Tomaten waschen, Stielansätze entfernen und Tomaten in Stücke schneiden. Zwiebeln schälen und klein würfeln. Tomaten- und Zwiebelwürfel zusammen mit den restlichen Zutaten mit 300 ml Wasser in einen großen, hohen Topf geben, aufkochen lassen und unter gelegentlichem Umrühren bei mittlerer Hitze 40 Minuten köcheln lassen. Die Tomatenmasse pürieren und durch ein Sieb streichen. Die durchgestrichene Masse wieder in den Topf geben und langsam und unter ständigem Rühren einkochen lassen, bis sie eine dickliche Konsistenz angenommen hat. Nochmals abschmecken.

Sie brauchen
1 kg reife Tomaten
150 g Zwiebeln
25 g frischer Ingwer
100 g Tomatenmark
3 EL Rapsöl
2 EL Weinbrandessig
1 TL Zitronensäure
4 DL Steviapulver #1#
3 Stevia-Tropfen #4#
je 1 Msp. Chilipulver,
 Edelpaprika, weißer
 Pfeffer, gelbes Senfmehl
je ½ TL Curry- u. Piment-
 pulver
3 gestr. TL Salz

Flammkuchen auf zweierlei Art

Flammkuchen, eine Spezialität aus dem Elsass, wird traditionell mit rohen Zwiebeln, Speck und einer Creme aus Sauerrahm oder Schmand belegt. Der Kreativität sind beim Belegen allerdings keine Grenzen gesetzt.

Für 2 Flammkuchen

Sie brauchen
Für den Teig:
500 g Weizenmehl
   (Type 405)
1 Pck. Trockenhefe (7 g)
2 TL Salz
2 EL Pflanzenöl

150 g Crème fraîche
150 g Speisequark
1 ½ DL Steviapulver #1#

Mit Birne, Schafskäse, Datteln und Pinienkernen:
½ Birne
100 g Schafskäse
100 g getrocknete Datteln
2 EL Pinienkerne

Mit Ziegenkäse, Feigen, Weintrauben und Granatapfelkernen:
2 Scheiben Ziegenkäse
1 frische dunkle Feige
30 g helle kernlose
   Weintrauben
frische Granatapfelkerne

1 Für den Teig Mehl und Hefe in einer Schüssel vermengen. Salz, Öl und 250 ml lauwarmes Wasser hinzufügen und die Zutaten zu einem Teig kneten. Den Teig 1 Stunde an einem warmen Ort ruhen lassen, dann halbieren und jeweils zu einem 1 cm dicken Fladen ausrollen. Die Fladen auf ein mit Backpapier belegtes Backblech legen. Crème fraîche, Quark und Steviapulver verrühren und die Fladen damit bestreichen. Den Backofen auf 250 °C vorheizen.

2 Für den Flammkuchen mit Birne und Schafskäse: Birne waschen und halbieren. Das Kerngehäuse entfernen, die Hälfte der Birne in dünne Scheiben hobeln. Schafskäse in kleine Würfel schneiden. Datteln halbieren und entkernen. Die Zutaten auf dem Flammkuchen verteilen und mit Pinienkernen bestreuen.

3 Für den Flammkuchen mit Ziegenkäse und Feigen: Den Ziegenkäse in ca. 1 cm breite Streifen schneiden oder würfeln. Feige waschen, trockentupfen und in Spalten oder Scheiben schneiden, Weintrauben waschen und halbieren. Den Flammkuchen damit belegen und mit Granatapfelkernen bestreuen.

4 Die Flammkuchen im vorgeheizten Backofen auf mittlerer Schiene ca. 20 Minuten backen und sofort servieren.

Hähnchen mit Fenchelgemüse und Papayasauce

Die anisartige Note des Fenchels geht hier eine gelungene Verbindung mit der »Frucht der Engel« ein, wie Christoph Kolumbus die Papaya genannt haben soll.

Für 4 Portionen

Sie brauchen

2 Hähnchenbrustfilets
  (ca. 600 g) ohne Haut
Salz, Pfeffer, Currypulver,
  Rosmarin
2 Fenchelknollen
2 Zwiebeln
1 mittelgroße Tomate
1 – 2 EL Olivenöl
Salz und weißer Pfeffer
1 Limequat
150 g Kirschtomaten
Butterschmalz zum
  Braten

Reis nach Geschmack

Für die Sauce:
1 Papaya
2 Schalotten
1 EL Olivenöl
Saft 1 Limequat
etwas Salz
1 EL Currypulver
1 – 1 ½ DL Stevia-
  pulver #1#
½ l Gemüsebrühe
200 g Crème fraîche
gehobelte Mandeln

1 Den Backofen auf 180 °C vorheizen. Hähnchenbrustfilets abspülen und trockentupfen. Butterschmalz in einer Pfanne erhitzen und die Filets von jeder Seite 2 – 3 Minuten anbraten. Leicht salzen und pfeffern sowie mit etwas Currypulver und Rosmarin würzen. Danach die Hähnchenbrust im vorgeheizten Backofen auf mittlerer Schiene 10 Minuten backen.

2 Fenchel waschen, putzen und ca. 8 Scheiben von je ½ cm Dicke schneiden. Übrigen Fenchel würfeln, Fenchelgrün beiseitelegen. Zwiebeln abziehen und in Scheiben oder Würfel schneiden. Tomate waschen, Stängelansatz entfernen und die Tomate in Scheiben schneiden. Olivenöl bei mittlerer Temperatur erhitzen und die Fenchelscheiben darin goldbraun anbraten. Herausnehmen und auf Küchenpapier abtropfen lassen. Mit Salz und Pfeffer bestreuen und mit etwas Limequatsaft beträufeln. Mit Fenchelgrün garniert anrichten. Gewürfelten Fenchel und Zwiebeln in der Pfanne anbraten und bei schwacher Hitze 5 Minuten schmoren lassen. Tomate zugeben und kurz mitdünsten. Mit Salz und Pfeffer abschmecken. Kirschtomaten waschen, abtrocknen und kurz mit andünsten.

3 Für die Sauce Papaya schälen, halbieren, Kerne entfernen, 1 TL Kerne aufbewahren. Fruchtfleisch in kleine Würfel schneiden. Schalotten schälen, in Scheiben schneiden und mit den Papayawürfeln in einer Pfanne in Olivenöl andünsten. Limequatsaft, Salz, Curry- und Steviapulver zufügen. Mit der Gemüsebrühe angießen und aufkochen lassen.
Das Ganze pürieren und wieder in die Pfanne geben. Crème fraîche unterrühren und die Sauce unter Rühren einköcheln lassen, bis die Konsistenz leicht cremig ist. Gehobelte Mandeln in der Pfanne kurz rösten. Hähnchenbrust mit der Papayasauce anrichten und mit Mandeln bestreuen. Dazu das Fenchelgemüse und nach Geschmack Reis reichen.

Kabeljaufilet auf süß-pikantem Linsenbett

Tellerlinsen sind viel zu schade, um nur in Eintöpfen zerkocht zu werden. Zusammen mit Möhre, Porree und Sellerie bilden sie eine schmackhafte Grundlage für ein kross gebratenes Fischfilet.

Für 4 Portionen

Sie brauchen
350 g braune Tellerlinsen
1 l Gemüsebrühe
1 Möhre
1 Porreestange
50 g Sellerieknolle
½ grüne Paprikaschote
1 Stück frischer Ingwer
2 Schalotten
200 g Crème fraîche
3 DL Steviapulver #1#
Salz und weißer Pfeffer
1 Prise Chilipulver

1 kg Kabeljaufilet
Mehl oder Reismehl
   für die Panade
feines Meersalz
frisch gemahlener
   schwarzer Pfeffer
30 g Butter oder Butter-
   schmalz zum Braten

1 Für das Linsengemüse Linsen in ein Sieb geben und unter fließend kaltem Wasser abspülen. Gemüsebrühe und Linsen in einen Topf geben und aufkochen, anschließend bei schwacher Hitze 20–25 Minuten köcheln lassen. Abgießen.

2 Möhre schälen und in ca. ½ cm breite Stücke schneiden, Porree putzen, längs halbieren, waschen und in Ringe schneiden. Sellerie schälen, waschen und würfeln. Paprika entkernen, Trennhäute entfernen, waschen und ebenfalls würfeln. Ingwer und Schalotten schälen und fein würfeln.

3 Das gewürfelte Gemüse in kochendem Wasser 2 Minuten blanchieren, abgießen und in Eiswasser abschrecken. Danach zu den gekochten Linsen geben und Crème fraîche unterrühren. Mit Steviapulver, Salz, Pfeffer und Chili würzen. Die Hälfte des Linsengemüses pürieren und unter das übrige Linsengemüse mischen.

4 Kabeljau unter fließend kaltem Wasser abspülen, mit Küchenpapier trockentupfen und in 8 portionsgerechte Stücke schneiden. Mehl auf einen flachen Teller geben, Fischfilets darin wenden. Überschüssiges Mehl leicht abklopfen. Butter oder Butterschmalz in einer Pfanne erhitzen und die Fischfilets von beiden Seiten jeweils 3–4 Minuten goldgelb braten.

5 Die knusprigen Filets leicht mit Meersalz und Pfeffer aus der Mühle würzen. Linsengemüse auf Tellern anrichten und den Fisch mit der Kruste nach oben auf das Linsenbett legen.

Ingwer-Möhren-Suppe

Rundum gesund – Ingwer und Möhren, köstlich und zu jeder Jahreszeit genau das Richtige. Die Kokosmilch trägt zu einem lieblich exotischen Aroma bei.

Für 4 Portionen

1 Möhren schälen, waschen und in Stücke schneiden. Porree putzen, längs halbieren, gründlich waschen und in Scheiben schneiden. Zwiebel abziehen, Ingwer schälen und beides fein würfeln.

2 Öl in einem Topf bei mittlerer Temperatur erhitzen und das Gemüse darin unter Rühren andünsten. Steviapulver hinzugeben und kurz mitdünsten lassen. Mit Gemüsebrühe ablöschen, aufkochen und bei schwacher Hitze 20–25 Minuten köcheln lassen. Mit Curry, Salz, Pfeffer und Chili würzen.

3 Das Gemüse fein pürieren. Kokosmilch in einem kleinen Topf erhitzen und schaumig rühren. Crème fraîche unterrühren und die Flüssigkeit kurz schaumig pürieren. Zur Suppe geben und das Ganze abermals pürieren. Die Suppe abschmecken und in Suppentassen oder in tiefen Tellern servieren.

Sie brauchen
400 g Möhren
1 Stange Porree
  (nur der weiße Teil)
1 Zwiebel
40 g frischer Ingwer
2 EL Rapsöl
2 DL Steviapulver #1#
800 ml Gemüsebrühe
etwas Currypulver
Salz und weißer Pfeffer
1 Prise Chilipulver
150 ml ungesüßte
  Kokosmilch
200 g Crème fraîche

TIPP
Nach Belieben die Suppe mit frisch gehackten Koriander- oder Petersilienblättern bestreut servieren.

Kürbiscremesuppe mit Ingwer und Chili

Der Hokkaido, der ursprünglich aus Japan stammt, zählt mittlerweile auch
bei uns zu den beliebtesten Kürbissorten. Er muss nicht geschält werden
und eignet sich besonders gut für Suppen und Pürees.

Für 6 Portionen

1 Kürbis waschen, halbieren, entkernen und in ca. 5 cm große Würfel bzw.
Stücke schneiden. Das Öl in einem Topf bei mittlerer Temperatur erhitzen
und den Kürbis zugeben. Einige Minuten unter Rühren anbraten. Mit etwas
Wasser ablöschen, anschließend mit 800 bis 900 ml Wasser auffüllen,
aufkochen und den Kürbis bei schwacher Hitze ca. 10–15 Minuten köcheln,
bis er weich ist. Gelegentlich umrühren.

2 Ingwer schälen und in Würfel schneiden. Chilischoten waschen, aufschnei-
den und Samen entfernen (dabei Handschuhe tragen). Chili ebenfalls
würfeln. Ingwer- und Chilistücke mit einem Pürierstab zerkleinern.

3 Den Kürbis pürieren, Ingwer und Chili hinzufügen. Sahne unterrühren.
Die Suppe erneut aufkochen und mit Salz, Pfeffer und Steviapulver
abschmecken. Die Kürbiscremesuppe vor dem Servieren mit Kürbiskernöl
beträufeln.

Sie brauchen
1 Hokkaido (1,5 – 2 kg)
2 – 3 EL Rapsöl
30 g frischer Ingwer
3 frische scharfe
    Chilischoten
250 g Sahne
Salz und Pfeffer
2 – 3 DL Steviapulver
    #1#

Kürbiskernöl zum
    Beträufeln

Bezugsquellen

Stevia-Stecklinge und Pflanzen können in vielen Gärtnereien und im Versandhandel bezogen werden. Steviaprodukte sind inzwischen in den Sortimenten der meisten Reformhäuser, Drogerien, Lebensmittel-geschäfte und Supermärkte zu finden. Ein großes Angebot findet sich auch im Internet.

Ansonsten nennen Bezugsquellen gerne auch die Autoren.
Kontakt über *pflanzen24@freenet.de* oder Telefax (0049)040 8901170.

Verwendete Produkte

Teezubereitungen aus Steviablättern
Steviapulver (Steviosid)
GrooVia
Daforto Stevia-Streusüße
Natreen Stevia
Nevella Stevia

Einige Internetlinks zu Stevia, Steviapflanzen und -produkten

www.freestevia.de
www.medherbs.de
www.stevia.eu
www.stevia-paraguay.com
www.dgk.de
www.suedflora.de
www.yerbabuena-shop.net

Literatur zum Thema

Peter, Monika und Thorsten Klock: Stevia – gesunde Süße selbst gemacht. BLV Buchverlag, München, 2012.

Monika und Peter Klock: Trendpflanzen – Stevia, Goji, Indianerbanane. av-Buch im Cadmos Verlag, Schwarzenbek, 2011.

Bildnachweis

Alle Bilder von Studio L'Eveque Tanja & Harry Bischof, außer:

Fotolia: PhotoSG 14/15, 18, 23, Pixelot 8, Heike Rau 9, 13, Sabine Teichert 11; Shutterstock: Anneka 12, 17, Gts 2/3, Olivier Le Moal 6/7, SviP 21

Blatt-Grafik von Fotolia/julvektoria

Danksagung der Autoren

Bei der Erstellung des Manuskriptes für dieses Buch und bei der Entwicklung sowie Probezubereitung und Verkostung der Rezepte waren uns zahlreiche Personen behilflich. Wir können sie nicht alle einzeln aufführen, dafür möchten wir uns stellvertretend ganz besonders bei folgenden Personen bedanken:

Lorena Beltrami und Rudolf Geramb für ihre Rezeptvorschläge, Almut und Horst Ehms für die Rezeptentwicklung und die Zubereitung von Backwaren, Peter Grosser für die Informationen zur Stevia-kultur und für die Bereitstellung von Fotos, Urte und Gerd Grundke, Karin Hofmann sowie Patricia Kubitza und Thomas Specht für die Bereitstellung von Backgeräten, Petra Helmreich für ihre Informa-tionen zum Steviaanbau in Paraguay und für ihre Rezeptideen, Holger Klock für seine Unterstützung bei der Nutzung seiner Restaurantküche, Nadine und Peter O. Klock für ihre Rezeptideen, Käte Koch-Petersen und Gerd Koch für ihre besonderen Backrezepte und deren Zubereitung, Gertrud Krapp und Peter Esser-Krapp für die Beschaffung aktueller Informationen zum Thema Stevia, Christine und Olaf Zuther für die Hilfe bei der Rezeptentwicklung und Bäckermeister Friedbert Zuther für seine Rezeptvorschläge und wertvollen Hinweise zur Herstellung kalorienreduzierter Backwaren.

Rezeptverzeichnis

Über die Autoren/Über die Fotografen

Peter Klock gilt als Pionier des Stevia-Anbaus in Deutschland; er gründete zusammen mit seiner Frau Monika Klock die Baumschule und Gärtnerei Südflora. Zusammen mit ihrem Sohn Thorsten, Gartenbau-Diplomingenieur, der inzwischen den Betrieb übernommen hat, haben sie in zahlreichen Veröffentlichungen über ihre Erfahrungen bei der Kultur neu eingeführter Nutzpflanzen berichtet. Schon seit längerer Zeit entwickeln sie Rezepte mit Stevia als Ersatz für Haushaltszucker.

Tanja Bischof, geb.1971, und Harry Bischof, geb. 1962, haben sich auf Foodfotografie spezialisiert und arbeiten auf dem eigenen Bauernhof im bayrischen Rottal. Die gute Teamarbeit (beide kochen, richten an und fotografieren) ist ihr Geheimnis für abwechslungsreiche Foodfotos und natürliches Styling.
Tanja ist gelernte Köchin mit Erfahrung in Gourmet- und Sterneküchen, Harry hat sich bereits als Jugendlicher der Lebensmittelfotografie gewidmet. Sie arbeiten für bekannte Foodmagazine, Kochbuchverlage und Werbung.
Ein herzliches Dankeschön an unsere Backhilfe Hermine Angermeier!
www.studio-leveque.de

Impressum

**Bibliografische Information der
Deutschen Nationalbibliothek**

Die Deutsche Nationalbibliothek verzeichnet diese Publikation in der Deutschen Nationalbibliografie; detaillierte bibliografische Daten sind im Internet über http://dnb.d-nb.de abrufbar.

**BLV Buchverlag
GmbH & Co. KG**

80797 München

© 2013 BLV Buchverlag GmbH & Co. KG, München

Umschlagkonzeption: Kochan & Partner, München
Umschlagfotos:
Vorderseite: plainpicture/Etsa
Rückseite: Studio L'Eveque Tanja & Harry Bischof

Lektorat: Stella Rahn, Annerose Sieck
Herstellung: Ruth Bost
DTP: Satz+Layout Fruth GmbH, München

Gedruckt auf chlorfrei gebleichtem Papier

Printed in Germany
ISBN 978-3-8354-1145-0

Hinweis
Das vorliegende Buch wurde sorgfältig erarbeitet. Dennoch erfolgen alle Angaben ohne Gewähr. Weder Autoren noch Verlag können für eventuelle Nachteile oder Schäden, die aus den im Buch vorgestellten Informationen resultieren, eine Haftung übernehmen.

Die in dem Buch genannten Marken sind ausschließlich im Besitz der Markenrechtsinhaber.